失敗しない「人と組織」

本質的に生まれ変わるための実践的方法

小池明男
元・東京電力HD
安全啓発・創造センター所長

BOW BOOKS

「我々は、驚くほどたやすく、かつ知らず知らずのうちに、一つの特殊な道筋にはまり込み、自分のために踏みならされた道としていくのである」

H．D．ソロー

はじめに

ものごとへの楽観視を、"Looking through rose-colored glasses（バラ色のレンズ越しに見た世界）"と言うように、かける「眼鏡」次第で視界の明るさや解像度が変わります。

社会や組織に起きるさまざまな問題には、多くの因果が絡まり合い、容易に解きほぐせそうには見えません。しかし、「組織文化」というレンズを通して見ると、隠れた真の課題や根本対策が鮮明に浮かび上がることに驚かされます。

島国のムラ社会に生きてきた日本人には、組織内の同質性が当たり前で、「組織文化」への問題意識は、それほど高くはありませんでした。そもそも「組織」とは、「文化」とは何か、立ち止まって考えることも稀でした。

しかし、近年、頻発する事故や不祥事の原因を深く追究すると、必ず根底にある組織文化の問題に突き当たります。他方、組織が成功する背景を探った研究でも、ある共通点をもつ強力な組織文化の存在が指摘されます。

無意識の習慣ともいえる、共通の思考や行動パターンから成る組織文化を、いったいどうやって変えていけばいいのかわからない、という方も多いでしょう。たとえ組織内の空気に違和感を抱いたとしても、いまさら変えられるわけがない、と諦めている方もいらっしゃるかもしれません。

筆者は、安全文化のほころびから大事故を招いた企業の社員として、その再建過程で、一人ひとりの仲間に直接、対話を通じて働きかけ、二度と事故を起こさぬよう、組織文化の変革に取り組みました。

手探りで学んだことは、社員の一人ひとりが、組織の目標・パーパスを共有し、その実現に向けて自律的・自発的に努力を続け、社会に貢献する文化を築くことが、あらゆる課題を克服し、組織も一人ひとりも高パフォーマンスを発揮する、極めて重要なカギである、ということでした。すなわち、組織文化の変革とは、一人ひとりの意識・行動の変革でした。

文化を構成する「人の行動」への研究は、経営管理に限らず、組織開発、人材育成、リーダーシップ、教育、心理、行動経済、リスクマネジメント、安全衛生、保健指導、脳神経、倫理などの各分野で、さまざまな知見が蓄積されています。これらの知恵の融合が、組織や人が失敗せず、成功・成長するための有効な手段になります。

尊い教訓や無数の実践の上に得られた「レンズ」をお試しいただき、組織の課題に向き合う新たな展望を得ていただければ、これにまさる喜びはありません。

小池明男

失敗しない「人と組織」―目次―

第2部 組織文化変革 実践編

第1章 【変革のステップ1】組織文化を知る

第5章

序章

失敗も成功もその本質は組織文化に

あまり知られていない事実ですが、組織文化は事業運営などのあらゆる面でプラス・マイナス双方に大きな影響を及ぼす、とても重要なものです。高業績をもたらす企業の組織文化には、強く共有される価値観を判断基準にして各自が自律的に行動し、人を尊重するなどの特徴が見られます。対照的に、劣化した組織文化の下では、事故や不祥事の根本原因となる歪んだ価値観や行動習慣（大企業病など）が組織内の人々に浸透し、構造的問題の温床になります。

1 組織文化は戦略にまさる

組織文化や風土を改革する目的は、理念浸透や危機脱却、不祥事の再発防止など、さまざまです。そこで最初に、なぜ組織文化の見直しが重要なのか、組織文化がもたらす正・負両面の影響を含め、実例をもとに説明します。

1 なぜ、組織文化の変革が重要なのか

危機に瀕した企業では、リストラや大胆な戦略変更など、生き残りを賭けた改革をいくつも試みます。けれども……

「組織風土・文化が変わらなければ、いかなる改革も刺さらない」

「一人ひとりが力を存分に発揮できる、風通しのよい職場をつくりたかった」

表1｜組織文化とは

組織：	目標を共有し、その達成のために協働する人々の集まり・システム
＋	
文化：	組織内に共通する意識・行動

これは、深刻な経営危機を克服し、奇跡のＶ字回復を果たしたメーカーで内部改革をけん引した関係者が一連の取り組みを振り返って述べた言葉です。

危機を乗り越えるには、組織共通の目標達成に向け、社員一人ひとりの意識や行動を変え、組織の活力を引き出すよう、「組織文化」を変革することが必須だったのです。

では、組織文化とは、何か？　これから、そのお話をしていくわけですが、最初に、組織文化の定義を共有しておきましょう。

上の〈表1〉にあるように、組織文化は、

目標を共有し、その達成のために協働する人々との集まり・システムが組織であり、組織文化とは、その組織内に共通する意識・行動である

と定義できます。

さて、今挙げた「深刻な経営危機を克服し、奇跡のV字回復を果たしたメーカー」の例に戻りましょう。

名門企業だった同社が経営不振に陥った原因は、典型的な「大企業病」でした。

大企業病とは、左の〈表2〉に示したような、業績の安定した大企業に共通して生じがちな組織文化です。

総花主義の戦略、高コスト構造、弱い販売力のほか、さらに深刻なものとして、決定の遅さ、曖昧な責任の所在、形式主義、現場軽視、部門縦割り、活気の乏しさ、目の前の仕事をさばくだけの社員、上司の顔色をうかがうヒラメ社員、自己目的化した改善活動などの「やらせる改革」への社員の疲弊・離反……。

どれも他人事とは思えず、身につまされる方も多いのではないでしょうか。

それにしても、従来の経験が通用せず、失敗が許されない喫緊の難題に対し、組織文化や職場風土という根本の土壌から改めることを、どうしてこの企業の方々は志したのでしょうか？

そして、どのようにして、それを成功させたのでしょうか？

表2｜大企業病

業績安定、ルールの縛り、経営理念の未浸透、挑戦を称賛しない仕組み、オープンにコミュニケーションできない風土などの環境で過ごすうちに、組織の一人ひとりが以下のような意識・行動様式に染まっていきます。
（＝ゆでガエル）

「大企業病」に冒された個人の意識・行動例

- 視野が狭く、自分の仕事にしか目を向けない
- 従来のやり方に固執し、チャレンジ精神がない
- ミスを許さず、成功を妬む風潮
- 無駄が多く、意思決定に時間がかかる
- 常に上司の顔色をうかがい、顧客のほうを向いていない
- 縦割り、事なかれ主義、風通しの悪さ、非効率、保守的な組織に

2 どうやって社員が会社を変えたのか

この企業は、どのようにして、このような組織文化を変革することに成功したのか？

結論から言ってしまうと、従来から取り組んでいたトップダウン・統制型の改革を中止し、真逆の「社員が当事者となって会社を変える改革」に方向転換したためでした。

本気でやりたい有志が集まり、不満を本音で語り合い、「会社を良くしたい」と願う草の根の対話活動が、自然発生的に広がりました。これが、「自ら考え、行動する」主体的な組織文化への変革エンジンになりました。

成功のため、誰が何を言ってもいい。良いものは受け入れられる。そうした意識が職場に浸透すると、製品の不良率は下がり、意見や提案は活発化し、部門間連携も進み、業績が劇的に好転しました。

具体的にはどうやって？

それが本書のテーマです。これからその本質と具体的な実践方法を丁寧にご披露していきます。

確かに経営再建や成長への戦略には、リソース（ヒト・モノ・カネ）の投資、リストラなど、さまざまな方策があります。しかし、この事例を知ると、社員を見えない鎖から解き放ち、主体性の存分な発揮を促すことで、一人ひとりの無限の潜在能力がかくも引き出されるものかと、目を開かされます。

これは、「草莽崛起（そうもうくっき：無名の人々よ、立ち上がれ）」との師・吉田松陰の言葉に触発され、身分を問わぬ奇兵隊を編成して旧体制を覆した高杉晋作の逸話を思い出させるものです。現代でも、仲間同士で肚を割り、膝づめで熱く対話し、自分たちのあるべき未来を共に描く作業は、一人ひとりの中に眠るエネルギーを解放するのでしょう。

本書でこれから解き明かす改革のイメージは、初見では捉え難いものかもしれませんが、経営学者ピーター・ドラッカーのものとされる次の至言が、本質を見事に表しています。

「組織文化は戦略にまさる」

さあ、始めましょう。

2 組織文化が組織を壊すとき

事故や不祥事が起きると、ミスを犯した「人」や、設計などの「技術」に原因を求めがちですが、近年は、さらに背景にある「組織」への注目が集まるようになりました。事故や不祥事発生の原因としての組織要因を分析すると、必ずしもその組織固有の問題ではなく、多かれ少なかれあらゆる組織に共通する文化面での問題であることがわかります。

1 組織事故の概念の誕生

事故の原因究明には、エラーを犯した人的な要因や、設計ミスなどの技術的な要因に着目するのが伝統的な考え方でした。しかし、近年は、大規模プラントや航空、宇宙分野など、高度に技術化された複雑なシステムで、しばしば大事故が発生するようになり、その原因を解明しようとすると、組織の風土や文化、マネジメントなど、さまざまな「組織」要因が複雑に重なっていることがわかります。

図1｜事故因果関係モデル

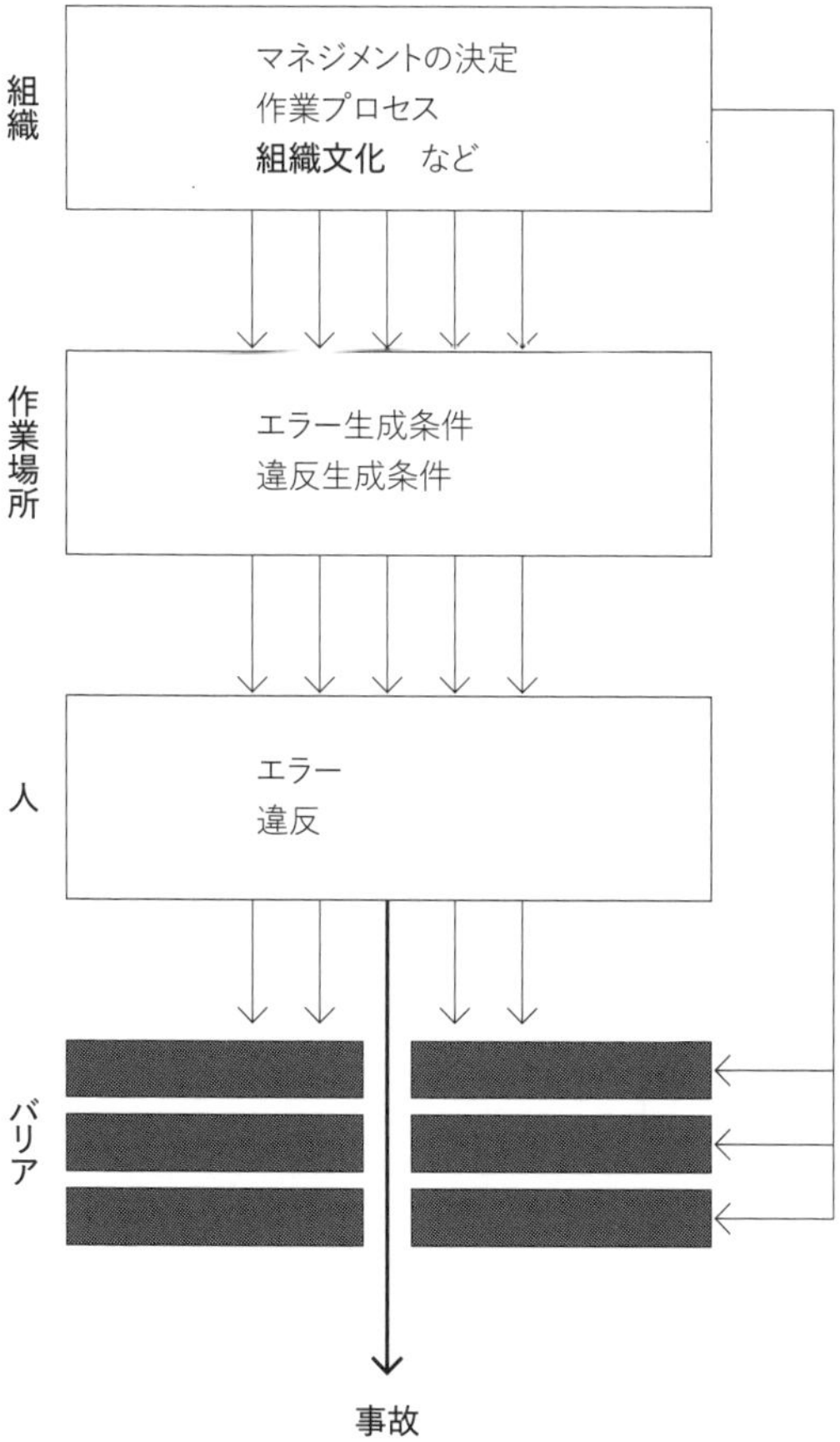

出典：ジェームズ・リーズン教授によるモデル図に基づき作成

そこで、これを「組織事故」と捉える考え方が、心理学者であるマンチェスター大学のジェームズ・リーズン教授から提唱され、通説になっています。前のページの〈図1〉は、これを表したものです。

この組織事故や組織要因に関する知見は、安全分野に限らず、広く一般の組織文化を考える上でも、とても示唆に富みます。たとえば、「事故」を「不祥事」に置き換えれば、技術分野に限らず、サービスや事務部門にもそっくり当てはまる考え方になります。

そもそも事故を防ぐため、予め作業ルールや手順、マニュアルを定め、作業者に教育が行われ、万一に備えた安全装置を備えるなど、さまざまな防止対策(防護壁:バリア)が講じられます。しかし、完璧な防護壁は存在せず、リスクは決してゼロにならない(絶対安全はない)ため、不完全な穴のあいた防護壁を複数重ね(多重防護)、最終的な事故や被害に極力、至らせないようにします。その結果、たった一つのヒューマンエラーや技術的故障では、重大な事故が生じることはないはずです。

ところが、不幸にも偶然、穴が一線上に重なった瞬間、事故に至る様子を〈図2〉の「スイスチーズモデル」(同じく、リーズン教授が提唱)が示します。その際、組織文化などの組織要因がプレッシャーとなって人的・技術的エラーが連鎖的に誘発されることで、防護壁に穴があき、重大事故を起こりやすくするのです。

図2｜スイスチーズモデル

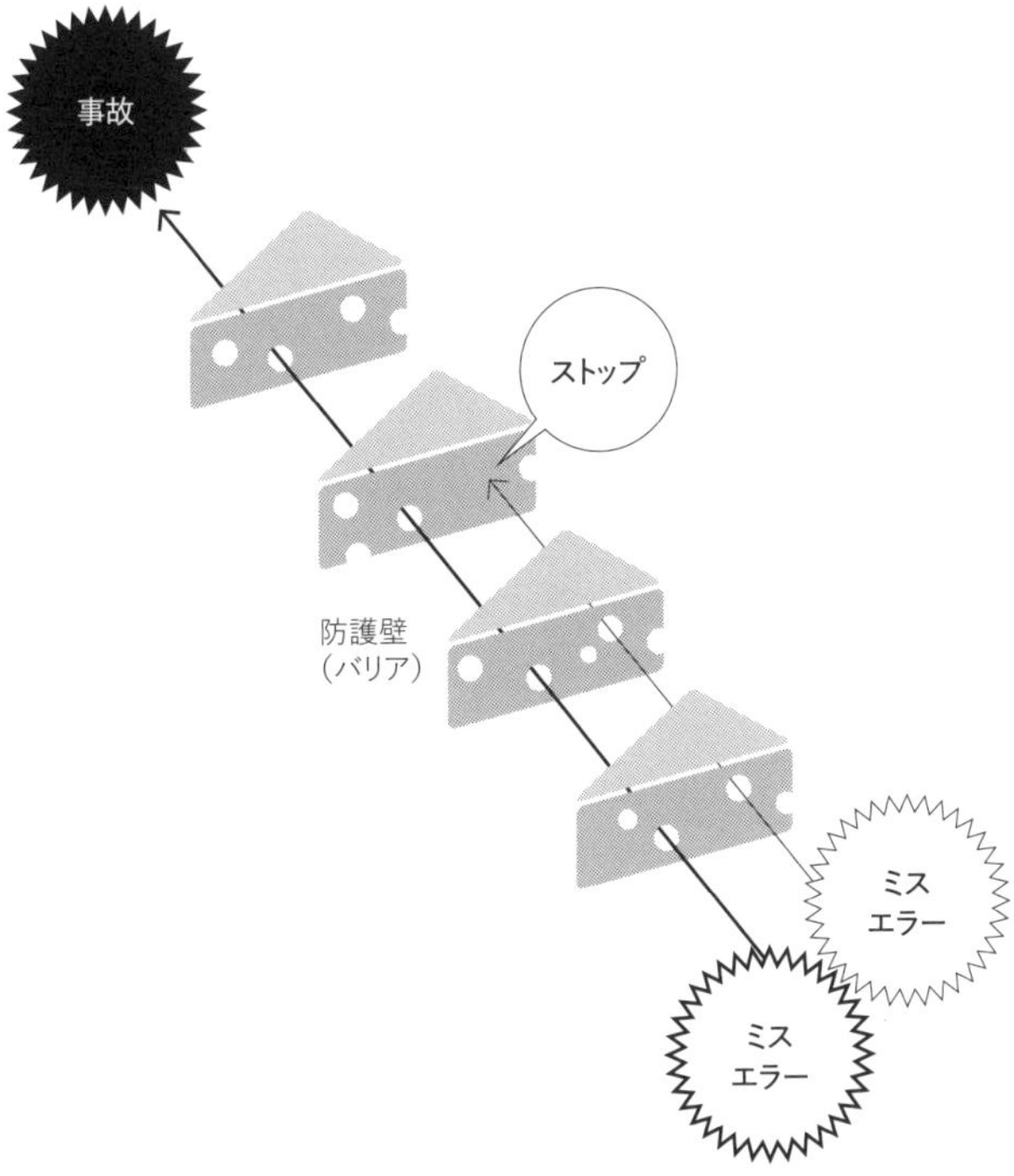

出典：ジェームズ・リーズン教授によるモデル図に基づき作成

❶ 組織事故としてのチェルノブイリ事故

組織事故の典型が、チェルノブイリ原子力発電所事故（1986年）でした。これは、特殊な実験を行うため、多重化された防護壁を意図的に次々と外し、運転ルールに違反しながら原子炉で核分裂反応を起こしたため、急激な出力上昇を伴う暴走事故となりました。その際の爆発と火災で大量の放射性物質が拡散され、世界最悪の原子力事故になりました。

事故を調査したＩＡＥＡ（国際原子力機関）は、運転員の規則違反と安全性の不十分な設計が直接的な原因としつつも、安全確保最優先という基本姿勢が欠如した組織の問題を指摘しました。

その際、事故の根本原因として、そもそも現場作業者も、発電所を運転する事業者も、国も、原子力安全への考え方や意識そのものに問題があり、それは「文化」と呼べるほどの深さと広さをもって、個人や組織、社会の意識や行動を左右しているのではないか、との疑問を呈しました。

その結果、組織の基本方針、マネジメント、現場組織、組織を構成する個人、のすべてのレベルにわたって安全確保の重要性に対する深い認識の堅持が必要と理解されるようになり、新しい概念である「安全文化」の確立が初めて提唱されました。

安全文化とは、「どんなときでも、何よりも、常に安全を最優先させる」組織文化です。それは、利益や効率を求めるため、安全を犠牲にすることは決してなく、事故ゼロはありえないことを前提に、リスク低減のため、終わりなく安全追求の努力を続ける姿勢です。

ところが実際は、この安全文化がほころびます。

どのような組織要因が、こうした安全文化を損ない、事故や不祥事をもたらす原因となるのか、別項で詳しく解明していきます。

2 組織事故として見た東京電力の原子力事故

安全文化の構築が進められてきた原子力分野ですが、2011年に東京電力の福島第一原子力発電所で大事故が起きてしまいました。

政府事故調査委員会（通称）・委員長の畑村洋太郎教授は、調査報告の公表にあたって、「誰が悪い、何がおかしいという視点で事故調査し、関与した人の責任に帰しては、それ以上考えなくなり、得られた知見を将来に生かせない」と、事故分析の基本姿勢を説明しました。その上で、「組織全体が何らかの考えややり方でやっていくうちに、誰がそこの位置に行ってもそういう判断や行動になっていくだろう」という「組織事故」の観点を取り入れて教訓を引き出した、と記者会見（2012年7月25日）で述べました。

第1部の第3章では、この原子力事故と組織文化の関係を詳しく見ていきます。

2
2回も大事故を起こしたスペースシャトル

ＮＡＳＡのスペースシャトル・コロンビア号は、２００３年1月の打ち上げの８１秒後、燃料タンクの断熱材がはがれて左翼にぶつかり、熱防護システムを破損させました。断熱材の剥落を目撃した職員による懸念の声を上司は顧みず、慎重な確認や対策が講じられないまま飛行を続行し、１６日後、地球帰還を目前に、大気圏突入で加熱した左翼が溶け、空中分解。シャトルの全乗員7名の命が失われました。

打ち上げ時に爆発したチャレンジャー号の事故（１９８６年）を反省し、技術的懸念を自由に表明できる環境を整備し、意思決定プロセスも改善したのにもかかわらず、またもや大事故を起こしたのです。

事故調査報告書は、技術的要因に加え、安全確保を損なうＮＡＳＡの文化的特質と組織的慣習として、次の「組織要因」を厳しく指摘しました。

- **ルール逸脱の日常化**　本来「許容されない」断熱材剥落が頻発する中、「安全を脅かすものではない」との意識に変質

- **官僚的意思決定**　技術者の損傷確認の提言を、運行遅延を懸念した上司が却下
- **過去の成功に酔った「なせばなる」精神**　アポロ11号の成功などで職員が自信過剰に
- **完璧との「思い込み」**　シャトルが研究開発段階であることを忘れる
- **安全文化の劣化**　改革にもかかわらず、変化を拒んだ組織文化が元に戻る
- **内向性**　批判や圧力に意固地になり、外に対して無関心に
- **コミュニケーション不全**　巨大官僚組織化・外部請負依存化で、内外の風通しが悪化

これらはNASA特有のものではなく、あらゆる組織に見られる意識や行動のようにも思えますが、いかがでしょうか。いかに優秀な人が集まっても、判断や行動の基準となる「価値観」(例　安全最優先)や、「無意識のうちに当たり前になっている考え方」(例　これで大丈夫かと常に問いかける)などの組織文化の土台が歪むと、気づかないうちに、みなが判断や行動を誤ってしまうのです。そして、複雑化した巨大システムでは、そうした小さなエラーが重なると、壊滅的な失敗(=組織事故)を招くことに、背筋が寒くなります(第1部の第3章で、詳しく解説します)。

3 組織文化と不祥事

大惨事をもたらす事故のほかに、組織ぐるみの不正、不祥事にも、組織文化が大きく関わっています。不祥事を起こす企業に共通する閉鎖性など、組織文化の構造的問題が明らかにされています。

1 不祥事の根底にある不健全な組織文化

残念ながら、名だたる大企業での不正請求や品質偽装、粉飾決算など、長年続く組織ぐるみの不祥事が後を絶ちません。わたしたちの道徳観はそこまで堕ちてはいないはずなのに…。最近の調査報告書では、不祥事を起こした企業の組織風土や組織文化の問題への指摘が多くなりました。不祥事発覚のたびに、第三者委員会の調査報告で提言される再発防止対策は、判で押したようにコミュニケーションやコンプライアンスの強化です。

しかし、こうした対策にもかかわらず、不正が繰り返されるのはなぜでしょうか？

不祥事の根底には、「自己の利益のため、不正を行ってもかまわない」との劣化した意識や行動が習慣化した、不健全な組織文化の問題があります。

実際、問題を掘り下げると、ルール違反が当たり前の習慣となった結果、悪い事を悪いと思わなくなり、自己の利益のためなら顧客の安全や社会の信頼を損なってもかまわないとの意識が共有された「組織文化」にこそ、その本質がある、と見ることができます。

その場合、ひとたび文化として定着してしまった歪んだ一人ひとりの意識や行動を180度転換させるには、コミュニケーションや法令遵守の強化だけでは力不足であることが、容易に予想できます。そうした個別の事例を、第1部の第2章で解説します。

2 組織文化が不祥事を誘発するメカニズム

タコツボ化し、外部とは異なる常識がまかり通る組織文化があると、長年にわたる組織的な不祥事の温床になります。

そこで、問題を深く考えます。

2000年代に不祥事を起こした食品やインフラ企業などの調査報告書を見ると、各社の企業風土に共通する特徴が浮かび上がります。不祥事前の各社に共通するのは、「倫理的行

動が行われず、人は正しく評価されず、問題事を隠し、気兼ねなく自由にものが言えない閉鎖的風土」でした。〈表3〉

最近の不祥事の調査報告でも、「内向きで保守的・閉鎖的な組織風土」への指摘が多く見られます。タコツボ化した社内で、外の社会常識から外れた独自の考えや行動が横行する様が想像されます。

その上で、**不正は「動機」「機会」「正当化」の3要因が揃ったときに発生する**、という組織犯罪理論（**不正のトライアングル**）をもとに考えます（これについては第1部第2章で詳しく述べます）。

経営からの目標達成のプレッシャーが**動機**となり、縦割り組織のセクショナリズムと風通しの悪さによりタコツボ化した現場に監視の目が届きにくくなり（**機会**）、「こうするしかない。他でもやっている」との身勝手な**正当化**理由が組織にまん延する……。

こうした歪んだ意識や行動が習慣化した状況が想像できます。

もし、この分析があたっていれば、そうした経営姿勢、組織運営、一人ひとりの意識や行動を、本来の「あるべき健全な姿」に正せばよいわけです。このことについては本書でこれからお話しします。

表3｜2000年代に不祥事を起こした企業の風土

食品A社	内向きな企業体質。手法や風土が世の中と乖離し、自社の論理でものを考える姿勢。上司にものが言えず、自立性を欠き、閉塞感に満ちた社内の雰囲気
食品B社	売上や収益の追求が強すぎたことによる遵法意識の希薄化。事業部制の分権化による他部門や社外への閉鎖体質
食品C社	経営理念の不存在。ファミリービジネス下での役職員のモチベーションダウン。人事・評価制度の不公平な運用。一部の幹部への権限集中。偽装を知りながらトップに報告できない風通しの悪さ。倫理感の欠如
鉄道D社	安全設備整備の遅れ。安全を優先する意識の形骸化。社員が報告を避ける風潮。支社・本社に報告しない。コミュニケーション不足。ものが言いにくい雰囲気
エネルギーE社（米国）	ずさんな内部管理。傲慢なマネジメント。チームプレイよりも個人重視。短期的利益を最優先。業績達成への強いプレッシャー。激しい社内競争。株価連動の報酬制度下での倫理観の低下
電力F社	国へのトラブル報告はできるだけ行いたくない。社会からのイメージを落としたくない。自部門の問題は、自分たちだけで何とかしなければとの思いこみ。部門内人事で固定化した上司・部下の関係。限られたメンバーだけの社会が形成され、一般社会の意識と乖離。閉鎖的な組織の中で、おかしいと思っても誰も言い出せず、その思いも次第に麻痺

4 エクセレント・カンパニーの組織文化

組織文化の劣化がもたらす事故や組織ぐるみの不祥事がある一方で、大惨事を回避させた組織文化というものも存在します。一人ひとりを尊重し、価値観が浸透した強固な組織文化が築かれると、目標を共有した社員全員の自主性や熱意が高まり、優れた成果を挙げ続ける組織になります。このような組織文化の光の部分の実例や、研究を紹介します。

1 大惨事を回避させた組織文化

組織の実力は、危機下でこそ発揮されます。暗黙裡に共有される考え方や行動様式である組織文化は、コンピュータのＯＳのように、人を無意識のうちに正解に導きます。

２０２４年１月２日、羽田空港で衝突、炎上する機体を祈るような思いで注視した私たちは、ＪＡＬ機の乗員・乗客全員が無事との報道に大きく安堵しました。

機長指示が届かぬ緊急事態に、客室乗務員が自主的判断で避難誘導したことが、後日、明らかになり、賞賛が集まりました。海外のＬＣＣ（格安航空会社）だったら、こうはいかなかったかもしれません。

何が成功に導いたのでしょうか？　日頃の訓練で向上した技量はもちろんですが、過去の事故の教訓の上に築かれた「組織文化」が浸透し、人命尊重・安全最優先の行動を一人ひとりが躊躇なく実行できたことに疑いはありません。

まさに、組織文化が、一人ひとりの考え方の基本的な「枠組み」となり、未体験の課題に直面しても正しく考え、判断し、全員が目指す「目標」に向けて自主的・積極的に行動する「エネルギー」になることを、まざまざと見せつけてくれたのです。

これは、目標達成に組織が一丸となり、常に、一人ひとりが自問し、考え、進化し続ける組織文化という、ありたい姿そのものです。

2　『エクセレント・カンパニー』が明かした組織文化の力

人を重視し、正しい価値観が組織全体に浸透すると、現場の自主性や熱意が高まります。

こうした組織文化のパワーを、世に先駆けて実証した書籍が『エクセレント・カンパニー』

（トム・ピーターズ他・著）です。

豊富な実例を挙げた同書の中でも最も興味深いのは、企業の成功には、合理的な計画や管理よりも、**「人間や組織のあり方に影響する強力な組織文化」**が重要、とした結論です。

それを裏付けるのは、１９７０年代後半にマッキンゼー社が米企業（ＤＥＣ、ＨＰ、Ｐ＆Ｇ、Ｊ＆Ｊ、３Ｍなど６２社）への５年に及ぶ取材調査を行い、超優良企業に一貫する共通点が抽出されたことです。

そして、その共通点が、各社の強烈な「組織文化」と一体化した全社員が、活力と意欲にあふれ、仕事に真剣に取り組んでいる、ということだったのです。

同書が見出した、優れた組織文化の特性は、次の８つです。

①行動重視（＝まずはやってみよう）
②顧客密着
③自主性と企業家精神（＝創意や失敗を支援）
④人を通じた生産性向上（＝自主性を尊重し、地位に関わりなくリーダーシップを発揮）
⑤価値観に基づく実践（＝理念が隅々に浸透し、日々の判断・行動で一貫）
⑥基軸から離れない

⑦単純な組織・小さな本社
⑧厳しさ・緩やかさの両面をもつ（＝権限を分散して現場の自主性に委ねる一方、全社共通の価値観は末端まで徹底）

これらは、文字にするとごく当たり前のものに見えます。しかし、超優良企業では、ここに見られる**「人間重視」と「並外れた熱意」が徹底されている**点で他企業を圧倒しています。

そうした組織文化は、企業発展初期に創業者などの強力なリーダーが、自身の価値観を社員も同様に実践することを徹底し、その後、何十年間もその体質が維持された結果、構築されたものです。いわば、その組織の「人格」とも「アイデンティティ」とも言えるものです。

3　なぜ、組織文化が社員の可能性を引き出すのか

理念が浸透した組織文化と聞くと、規則やマナーを強制され、同じ価値観に縛られた金太郎飴を連想します。ところが、実態は逆で、社員に最高レベルの自主性が生まれます。

たとえば、チーム・スポーツを想像してください。そこでは、「ルール」の枠内で、みなが自分の役割を自覚し、刻々と変わる状況下で、チームの共通目標である勝利を目指し、各自

の判断でのびのびプレーします。ボールを持たないプレーヤーも、仲間を信じて、ゴールに向かって一心に走り続けます。

同様に、優れた組織では、組織文化が全員が暗黙裡に共有する「規範」となり、一人ひとりが細かな指示を受けなくても、進んで顧客貢献などの組織目標のために何ができるかと考え、自主的に創意工夫します。

先の飛行機事故への乗務員の対応はその典型で、乗客の安全確保という目標のため、指示やマニュアルに頼らず、最善手をみなが考え、行動したのです。

言い換えると、「強い組織文化」とは、組織の全員が共通の目標と価値観を有し、自分に何が期待されているか理解し、目標に向かって努力し続けている状態です。〈図3〉

なぜ、そうなるのかを端的に言えば、一人ひとりの主体性が尊重されるからです。

組織と個人は、一見、対立関係にあるように見えますが、働く一人ひとりを大切にし、共通価値観の枠組みや期待とともに、活動余地が与えられると、社員の自主性は高まります。すると、周りから認められたいと思い、モチベーションも上がります。その結果、自分の頭で考え、積極的、革新的に行動します。一つの目標を共有して互いに協力し合うので、組織全体で大きな成果を挙げ続けるＷｉｎ―Ｗｉｎの関係になるのです。

図3｜組織文化が生む規律

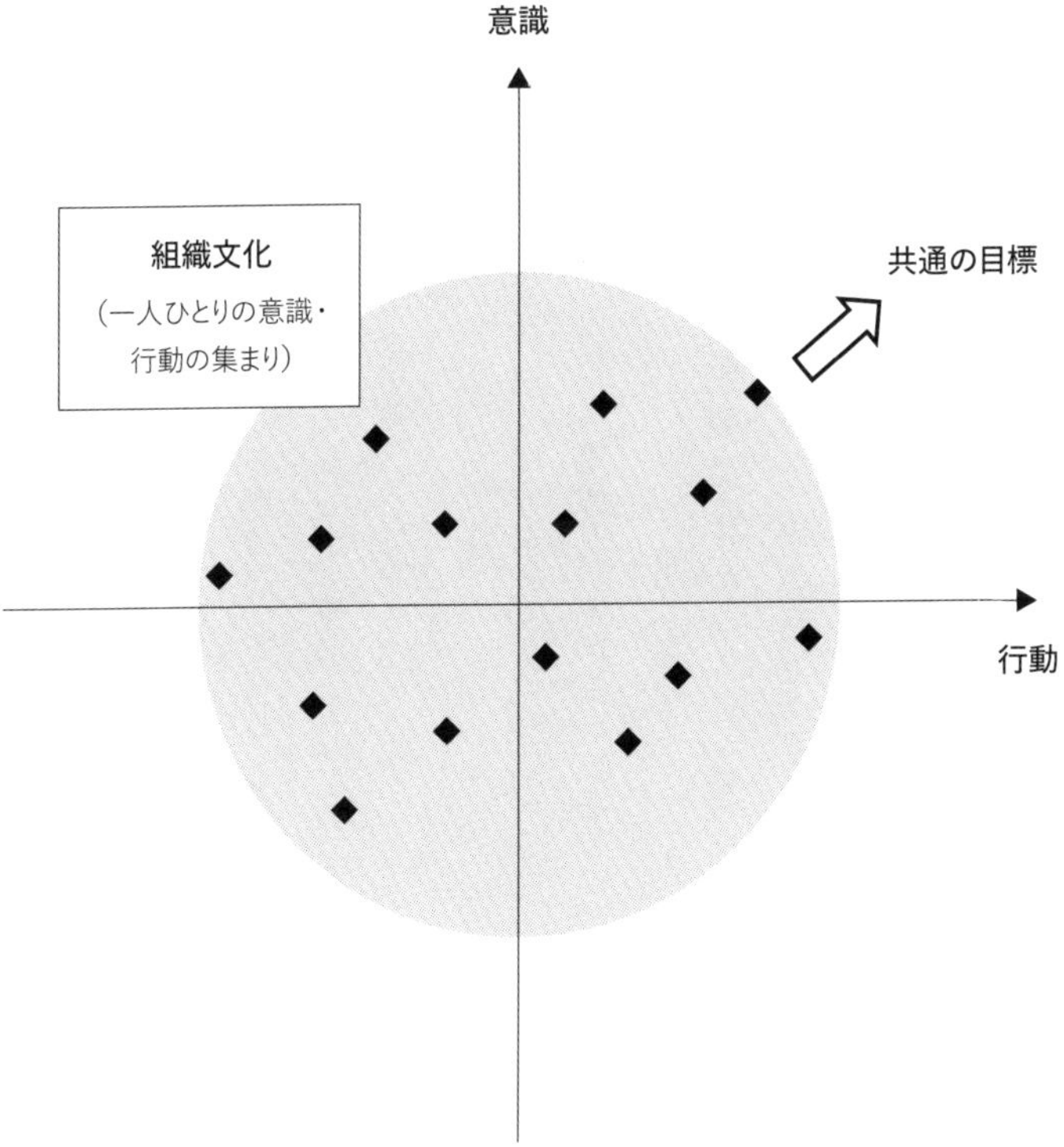

最近の言葉で言えば、パーパス共有、エンゲイジメント向上、自律分散型リーダーシップ、人間尊重、アジャイル経営、という感じですね。

これとは対照的に、価値観を軸とした組織文化が維持されないと、自由なコミュニケーションや活気が失われ、「どうせ頑張っても、目標は達成できっこない」と諦め、頑張るエネルギーが失われていきます。その結果、指示待ちになり、仕事への熱意が消えた「大企業病」に侵されます（こうした弊害から変革できた実例は、第2部の第4章で解説します）。

人の潜在能力発揮が求められる今、古くて新しい組織文化の意義は、ますます重要さを増すようです。組織文化を考えることは、人的資本経営の勘所とも言えるでしょう。

4　高業績に導く組織文化

1 組織文化は企業業績に強く影響する

「文化」とは、元々、文化人類学が専ら使用した用語で、あらゆる人間集団で世代から世代に受け継がれるさまざまな特性を意味します。意識して形成された優れた組織文化が企業の高業績につながることを、１９７０年代後半の米国での研究が明らかにしました。研究が始まるきっかけは、米国企業を圧倒する日本企業の存在でした。なぜ彼らは強いのか？　と。

多くの企業研究の結果、企業が優れた業績を挙げる上では、計画管理や戦略よりも、「組織文化」の構築のほうがより重要である、との意外な事実が見出されました。

各研究に共通する結論は、次の通りです。

- 優れた業績をあげる企業すべてに、明確な形で組織文化が存在し、各社員と業績に強い影響を及ぼしている
- 極めて卓越した日米の経営幹部は、強力な組織文化の形成・維持のため、時間とエネルギーをかけている

その上で、ハーバード大学のジョン・コッター教授は、1980年代後半、組織文化と企業の長期的業績の相関関係の特徴や理由、業績向上のための活用方法などを、詳細に調査、分析しました。その成果が示された共著作『企業文化が高業績を生む―競争を勝ち抜く「先見のリーダーシップ」207社の実証研究』から、押さえておきたいポイントをご紹介しましょう。

表4｜組織文化と業績

	売上高	従業員数	株価	純利益
経営を支える主要な支援者（顧客、株主、従業員）のすべてを尊重し、すべてのレベルの管理者のリーダーシップの発揮を重視する文化を備えた企業の業績（A）	628%	282%	901%	756%
そうではない企業の業績（B）	66%	36%	74%	1%

注：米国大手207企業の実績（1977～88年の伸び率）
（出典：『企業文化が高業績を生む』ジョン・コッター著）

米国大手２０７企業に対する調査（１９７７～８８年）により、「経営を支える主要な支援者（顧客、株主、従業員）のすべてを尊重し、すべてのレベルの管理者のリーダーシップの発揮を重視する文化」を備えた企業のグループを（A）とし、同文化を備えない企業のグループを（B）とすると、（A）の業績が（B）の業績を大きく凌駕していることがわかりました。

上の〈表４〉にあるように、（A）の企業は、売上高６２８％増、従業員数２８２％増、株価９０１％増、純利益７５６％増であるのに対し、（B）の企業は、それぞれ６６％、３６％、７４％、１％増に留まったのです。

この圧倒的なパフォーマンスの差を目の当たりにすると、社員に目標達成のはっぱをかけ続けることよりも、努力や工夫の「土壌」となる組織文化づくりをしっかり行うことが重要であり、それがなければ豊かな実りは得られないことが納得できます。

2 組織文化は「強い」だけでは不十分

価値観を共有してみなが同じ方向に向かう強力な組織文化は、顧客貢献などに社員が協調的行動をとるなど大きな影響力を発揮し、業績を向上させます。しかし、方向性を誤ると、逆効果にもなります。戦略に合致した組織文化を生み出して、一時的に成功を収めても、その後の競争などの事情変化に対応しないと、外部環境との不一致が生じ、業績低下を招いてしまうのです。

実際、高業績を挙げ続ける企業を仔細に見ると、「変革」を促す文化が色濃く存在します。その変革推進の原動力には、経営の全階層でのリーダーシップ発揮と、顧客、株主、従業員などステークホルダーのすべてに強い関心をもち大切にする、人間重視の姿勢が組織文化として見られます。

このリーダーシップとは、メンバーを目標に導く力、すなわち変革を起こし、目標達成に向けてのあらゆる工夫を引き出すことです。単に、ルーチンを管理し、計画通り遂行するマネジメントとは一線を画すことには、ご注意ください（第2部の第5章をご参照ください）。

❸ 優れた文化の保持は、明確に意識、計画されたもの

そうした文化をつくり保つため、経営幹部は、社員とのコミュニケーションを通じて、企業の価値観の浸透を図ります。そのため、粘り強くメッセージを発し続け、対話し、理解と共感を求めます。

さらに、口で言うだけではなく自ら一貫した行動をとり、浸透させたい価値観を身をもって示します。会社の目指す方向を社員に示す模範（ロールモデル）となるよう行動し、言行不一致を厳に避けます。また、組織の中核的価値観に合致した人物を採用、昇進させ、文化を継承します（第2部の第4章の実際の改革のケースをご参照ください）。

逆に、業績が低迷する企業に共通して見られる意識・行動は、特に、経営者などが謙虚さを失い、顧客や株主を大事にせず、リーダーシップ発揮やイノベーションを抑圧し、安定と秩序を重んじて管理への強い志向をもつ、というものです。そのため、変化への適応支援が阻害され、業績が低迷するのです。

5　組織文化は放っておくとすぐに劣化する

前項の2で述べたような組織文化の構築に努め、ある時期、それが成功したとしても、自らを高める努力を続けないと、知らないうちに組織文化は劣化し、その結果、歪んだ意識・行動が大失敗を招きます。組織文化とは、金魚が暮らす水槽の「水」です。水槽の水は、最初はきれいでも、常に浄化し続けないと、すぐに淀んでしまうのです。では、その淀んだ水の浄化には、どういう手段があるのでしょうか？

まず、現状が「これで良いのか」と、常に、内部や外部とのオープンなコミュニケーションをとることです。さらに考察を深めると、「閉じた組織内では、なぜ、社会のみなが守る当たり前の基本ルール（道徳）から逸脱するのか」という、自律性の問題に行き当たります。〈表5〉

各種の事故調査報告で指摘されるように、「本来してはいけないこと」を繰り返しても何も起こらないので、「やってもかまわない」と、自分で勝手にルールのハードルを下げる、歪んだ意識が多く見られます。いけないことと知りながらも、ルールを破ったほうが時間や手間、

表5｜自律性

自律性
自分で決めた規範や基準に従い、 自分の頭で考え、主体的に行動を統制・制御し、 正しい行動を行うこと。

コストなどが省けるので、そうするのがよい、と逸脱が習慣化し、当たり前の意識になってしまいます。そして、それを見ている周囲にも同じ意識や行動が伝染するのです。組織文化の恐ろしさがここにあります（第1部の第2章で詳しく論じます）。

こうして見ると、閉じた組織の中の淀んだ水への処方箋は明らかで、**社会のルールが組織の内でも同様に守られる、ごく当たり前の「開かれた組織」**になればよいわけです。

つまり、外からの意見や情報が組織の中に行きわたり、中からも「これって変じゃないですか」と、勇気を持って声を上げられるオープンなコミュニケーションが大切になる、ということです。

「これで本当によいのだろうか」と、自らに問いかける気持ちを保ち、問題に気づいたら「王様は裸だ」と素直に言い合う……そんな純粋な目と耳と心を、大人だからこそ大切にしなければならないのです。

VIEW POINT 1 組織風土と組織文化

組織の構造的な問題を語るときに、「組織風土」や「組織文化」という言葉を、その違いを余り意識せずに使いがちです。そこで、両者の意味を考えてみます。

「風土」の英訳は"climate"になります。暑く乾燥した砂漠、季節風の方角が変わり雨季と乾季のあるモンスーン地帯など、典型的に見られる気候や気象、景色、環境を指します。その上で、「組織風土」とは、**組織の人々の意識や行動（＝文化）の形成に影響を及ぼす精神的な環境**を指します。

温かな人間関係や、上意下達で自由にものが言いにくい職場など、人を取り巻く雰囲気などがその例です。

一方、"culture"である「組織文化」は、組織内に共通して見られる**特有の意識や行動様式、無意識のうちに当たり前になっている考え方**を指します。

そうすると、**組織文化というのは、組織風土の影響を受けて生み出された結果**である、ということがわかります。

もちろん、組織文化は、空気のように周囲に存在する組織風土に限らず、意識的につくられる理念や、ルール・制度など有形無形のさまざまなものからも影響を受けます。

哲学者の和辻哲郎は、モンスーン地域は人間を受容的・忍従的に、強い乾燥下で水を勝ちとらないといけない砂漠地域は人間を戦闘的・服従的にすると、風土が文化のあり方に作用するとの視点を示しました。

もし、そうならば、**風土（＝環境や人間関係）をコントロールすれば、人の意識や行動のあり方（＝文化）を間接的に変えられる**ことになります。これは、組織文化の変革が、漢方医療のようにじわじわと効果を挙げるイメージを湧かせます。

いずれにしても、組織文化、組織風土ともに、一人ひとりの意識や行動に無形の影響力を及ぼし続ける「土壌」として、人々の健全な成長を促す豊かなものであるのが理想です。

第1部

組織文化の科学

放っておくと、ルール逸脱などの好ましくない考え方や行動が当たり前のものとなり、組織文化に定着するメカニズムを、人の心理特性や組織文化の構造の研究を実例に当てはめながら解き明かします。

第1章

優れた組織文化

どのようにしてつくられるのか

組織文化は、知らず知らずのうちに組織の一人ひとりに影響を与え、特有の意識や行動パターンを生み出します。本章では、こうした組織文化は、価値観の浸透や行動の積み重ね（習慣化）により、意識的につくり、変化させていけることを説明します。

1 よい成果を生む組織文化は意識的につくることができる

組織の成果に大きな影響を与える組織文化は、中にいては意識に上ることはあまりありませんが、意識的につくることができます。組織文化とは、一人ひとりにしみついた特有の意識や行動パターンですので、根底にある「無意識のうちに当たり前になっている考え方」を改めることで、確実に変えることができるのです。

1 組織文化はどのようにして生まれるのか

❶ 組織文化は、構成する人々の無意識の「当たり前」がつくる

日本ではあまり見られない欧米人の振舞いに、ハッとしたことはありませんか。たとえば、通路の出入り口では、ごく普通の人々が必ずドアを開けて待ち、後に続く人を当然の表情で

通してくれます。「お先にどうぞ」「有難う」と他人同士が心を通わせる異国の雑踏とは対照的に、鼻先でドアを閉じられることもある日本でのマナーの悪さにすっかり慣れた自分が恥ずかしくなります。

同じ人間なのに、この行動の違いはどこから生まれるのでしょうか？

こうしたマナーをはじめ、ある組織や集団、社会などの人々に共通する特有の意識や行動が「文化」です。

始まりが偶然でも意図的でも、その行動が「うまくいった」場合、次もその方法が選ばれます。その成功体験が蓄積し、次第にそのやり方が定着し、やがて意識することなく当たり前のようにそのやり方が行われ、文化になります。

たとえば、道端で知り合いの人に会ったら、わたしたち日本人は深く考えずに、まず「お辞儀」をしますが、それもわたしたちの文化です。

もし文化をつくる（変える）としたら、その集団を構成する人たちの行動の深層にある「無意識のうちに当たり前になっている考え方」の変化を図ることが必要で、そのためには、望ましい行動の積み重ね（習慣化）と価値観浸透を反復継続するのが定石です。

いったんしみついたくせを正すのには、手間と時間はかかりますが、正しい習慣と考え方を身に付ける「しつけ」と見れば、うなずけます。

たとえば、「階段で手すりを持つ」ことを習慣にして、「安全第一」の価値観を浸透させていけば、無意識の考え方が改まり、最後には手すりのない場所では不安な感覚が自然と湧いてきます（本当です）。

この組織文化のつくり方を組織文化の専門家の間ではよく知られる「3層モデル」により、第3章で詳しく説明します。

❷ 優れた組織文化は、人工的につくることができるもの

ふだん暮らす水を魚が意識しないように、組織の中にいては、組織文化の良し悪しを意識する機会は多くはありません。旅先でグロテスクな料理を前にしたとき、転勤先で仕事の進め方や人間関係にとまどうとき……こうした異文化に触れたときのカルチャー・ショックを受けない限り、ふだん自分が属する文化のことは意識に上りません。

「文化」とは、属する組織の一人ひとりに共通する特有の意識や行動で、誰もが当たり前に受け止め、深く考えずに自然に行う振舞いだからです。その組織特有の「くせ」や「らしさ」「人格」という言い方もできます。

ある専門家は、組織文化の特徴をこう言いました。「組織の中は、一人ひとりの行動に影響を与える気（き）で満ちます。中にいては見えないので、壁に穴をあけて外から覗くしかありません」。

「外」の一つが、他の国であり、また「過去」です。現在と対比するため、目線を過去に移してみましょう。高度経済成長絶頂の半世紀前、日本の市井に暮らしたことのあるハーバード大学の社会学者エズラ・ボーゲル教授は、日本人の生活や文化、制度などの調査結果を、著書『ジャパン・アズ・ナンバーワン』で詳らかにしました。

ボーゲル教授が指摘した日本成功の秘密とは、卓越した計画性、効率的な組織、技術利用の優れた能力、働く者の勤勉性などからなる社会システム、つまり文化でした。

日本を世界第2位の経済大国に押し上げた大きな理由の一つが、優れた組織文化にあったわけですが、さらに驚くべき事実があります。

これらの長所を備えた文化は、想像に反し、伝統的な国民性や美徳から自然発生したものではありませんでした。明治以降、知識輸入や改良を重ねて人工的に意識してつくられたものであり、したがって他国にも移植可能だ、とボーゲル教授は指摘したのです。

2 心と行動の相互作用が組織文化をつくる

習慣化の効果を、身をもって実証したのが、メジャーリーグで活躍した松井秀喜選手です。高校時代に野球部の監督から教わった次の言葉を座右に、世界一に上りつめたことがよく知られています。

「心が変われば行動が変わる。行動が変われば習慣が変わる。習慣が変われば人格が変わる。人格が変われば運命が変わる」（米国の哲学者のウィリアム・ジェームズの言葉とされている）

組織文化とは、先ほども述べたように、その組織特有の「くせ」や「らしさ」「人格」ですので、つくられ方は、これと同じです。

序章（24ページ）で紹介したジェームズ・リーズン教授も、「組織文化は、突如生まれるものではなく、実用的で地に足の着いた取り組みを一貫して継続することで、徐々に形成される」として、それが、共通した行動パターン（習慣）によって築かれるものだと説明します。

意識や行動を変え、正しい習慣で人格や文化を高めることが、人や組織が成功する道であることは、洋の東西を問わぬ不変の真理のようです。

2 優れた組織文化とは？

長寿命組織や優良企業に共通する特徴は、人を大事にし、社会・顧客、ビジョンなどに向けた経営が行われ、社員の意識や目標の方向性が一致し、一丸となって努力する組織文化をもっていることです。

1 良い組織文化を定義する

組織文化とは、一人ひとりに共通する仕草や振舞い、共有される価値観、無意識のうちに当たり前になっている考え方のくせまで、幅広く多様なものを含みます。言わば、組織の総合的な「人格」と捉えられます。

そこで、アメリカと日本を比べて「どちらの文化が優れているか」と問われても、見る人の考えや好みに左右され、誰もが納得する明快な答えを示すのは容易ではありません。

また、封建社会のリーダー像である武士道精神を今日の管理職に求められないように、時や場所などの背景を離れ、ある普遍的な尺度で理想の文化を定めることもできません。

そんな中で、あえて、良い組織文化について考えていきます。

まずは、「良い」と思われる要因を考えると、

- **誰にとって**（例　経営者、社員、顧客、株主、取引先、社会などにとって）
- **何が**（例　他者の尊重など道徳に沿った社員の行動が）
- **どのように**（例　見る人への模範となる高水準で）
- **どうして**（例　社会の信頼を得られるから）

などに分解できます。こう整理すると、優れた文化を考えるには、はじめに特質に着目するよりも、**「良い成果」をもたらす**という最終的な「効果」からさかのぼるのが容易だとわかります。そこで、「良い成果をもたらす」という視点から、良い組織文化の特徴を考えてみます。

2　良い成果を生む組織に見られる文化的な特徴

組織の「良い成果」にはいろいろありますが、最初に、一例として、組織の「寿命」に着目します。

変化し続ける競争環境下で淘汰されずに生き残り続ける組織には、どんな組織文化・風土面の特徴があるのでしょうか。

元国土交通省官僚で、日本企業の長寿命の秘訣に関する著作も多い舩橋晴雄氏の研究では、次の8つの特徴が、共通的に認められるとの指摘があります。

- 明確な価値体系、ビジョン、使命感
- 長期的視点
- 人を大事にする人道的経営
- 顧客第一の意識
- 社会意識
- 持続的イノベーションと内部改革
- 倹約と天然資源の有効活用
- 文化や遺産を継承・創出しようとする努力

同様に、優良企業について、次の条件を挙げる主張（野中郁次郎教授・竹内弘高教授共著『ワイズカンパニー』）もあります。

- 社会との調和を保ち
- 生き方として共通善を追求し
- 道徳的な使命感の下で事業を営み
- 住みやすい未来の世界を思い描き
- 組織全体で知恵を育み
- 戦略の中心に人間を据える信念がある

企業などの組織は、ヒト、モノ、カネの構成要素を、制度やルール、計画などで仕組み化し、運営されます。その諸要素の中でも、特に**「人」を大事にすること**、経営と社員の意識**と目標の方向性**（社会、顧客、ビジョンなど）**が一致している**こと、**それに向けて一丸となって行動・努力すること**――さまざまな研究成果を総合すると、そうした好ましい姿が、浮かび上がります。

第2章

逸脱する組織文化

なぜ、わかっていてもルールを守れないのか

繰り返される事故や不祥事は、直接関わった個人の単なる倫理意識の低さだけではなく、背景にある構造的な組織要因まで踏み込んで考える必要があります。

ルールに反することを知っていながら逸脱した行為を選択したことで起きる事故や不祥事は、なぜなくならないのか？　そのメカニズムを探っていきます。

1　なぜ、事故が起きるのか

事故は、信号無視など、してはいけない行動を意図的に行う「ルール」違反によって引き起こされます。その際、ルール違反だと「わかっていながら」、深く考えずに「大丈夫だろう」などと思って、日常的に逸脱行為を行う習慣が、多くの人に定着している実態があります。

ご自身の職場や生活場面に当てはめながら考えてみてください。

1　意図的な不安全行動

まず、最初に確認することは、事故は、「不安全な状態」で「不安全行動」を行うという、2つの要素が重なったときにはじめて起きるということです。

たとえば、「濡れた廊下（不安全な状態）」で「走った（不安全行動）」結果、足を滑らせて転倒事故が起きます。逆に、「乾いた廊下（安全な状態）」なら走っても転ばないし、濡れた廊下でも「慎重に歩けば（安全な行動）」転ぶことは避けられます。〈図4〉

図4｜なぜ、事故は起きるのか

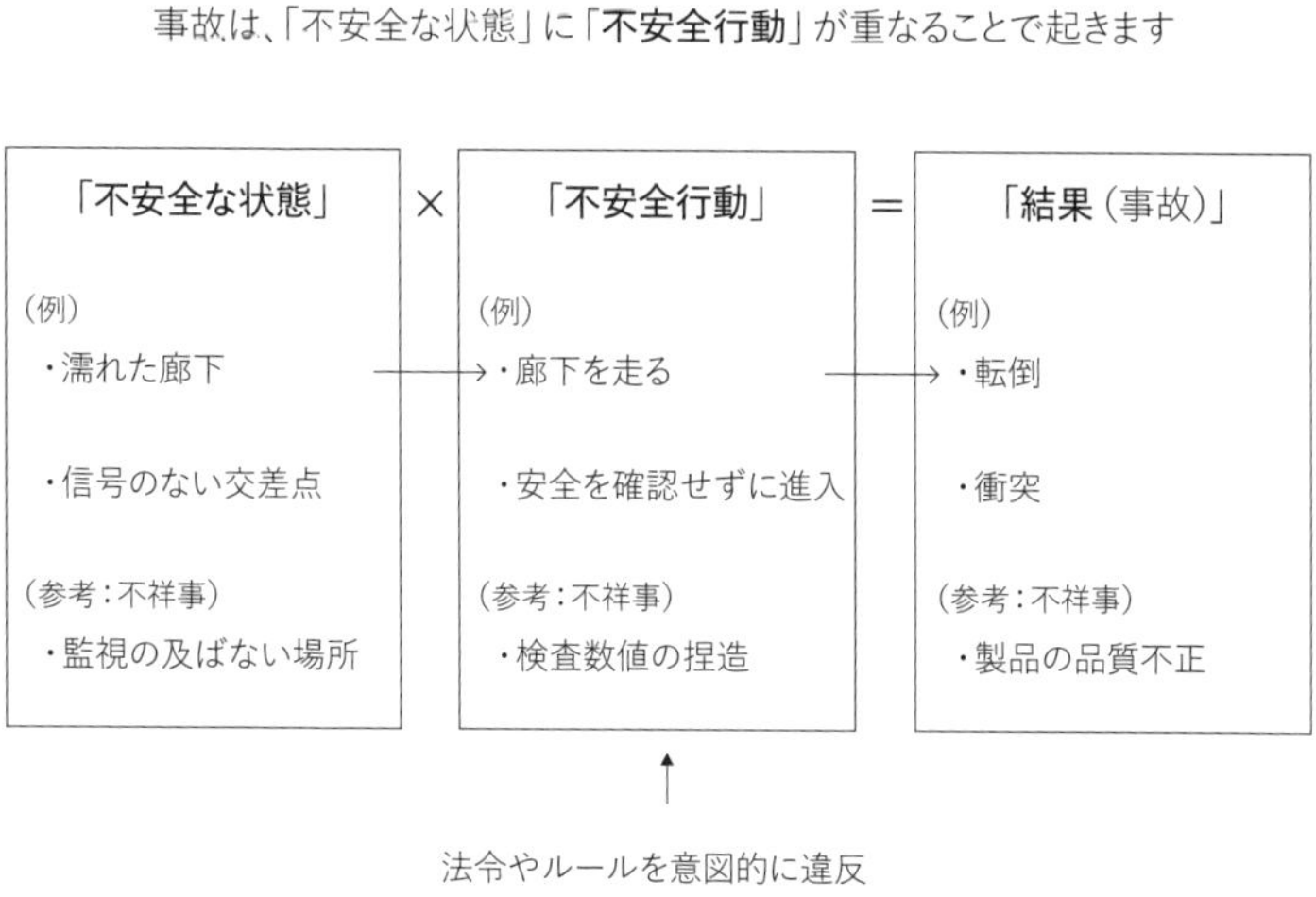

こんな簡単なことを、わざわざ確認するのには理由があります。

「不安全行動」とは、聞き慣れない言葉かもしれませんので、その定義からお話ししておきましょう。「本人や関係者の安全を阻害する可能性のある行動を、**意図的に行う行為**」というのが定義です。つまり、「不安全行動」とは、安全確保上、してはいけない行動を「意図的」に行うルール違反の行動のことです。

確かに、「急いでいた」といった動機や感情、「水が見えなかった」という認知、「深い考えなしで」、「ルールを忘れていた」といった意識や記憶など、行動を取り巻く諸状況から、うっかり走ったことにそう目くじらを立てるべきではない、との同情的な声もあるかもしれません。

しかし、歩く、止まる、確かめる、といった他の選択肢がある中で、あえて「走る」という、リスクの伴う行動を、自らの意思で積極的に選んだことに着目すべきです。

言い換えれば、「**なぜ、人はわかっていながら、ルールを守れないのか?**」

ここに問題の本質があります。

2　信号無視の心理構造に組織文化の深層課題を見る

次に、よりリスクの高い自動車の運転を例に考えてみましょう。運転中、交差点に差し掛かって信号が黄色に変わったら、必ず止まりますか、それとも走り抜けますか？

ＪＡＦ（日本自動車連盟）によると、幹線道路では９７％の車が黄色信号でも止まらず、中には、逆に加速して交差点を通過する車も多いそうです。

道路交通法では、黄色信号が点灯したら、安全に停止できない場合（例　急ブレーキ、追突のおそれなど）を除き、「停止位置を越えて進行してはならない」、つまり「止まる」ことがルールになっているのですが、ドライバーはルール違反と「わかっていながら」、信号を無視するのが実態です。

ドライバーの心理研究（ＪＲ東日本・研究開発センター）によれば、多くのドライバーが挙げた信号無視の理由とは、

- 自身で安全を確認できれば、規則を破ってもかまわないと思うから
- 他の人も違反しているから
- 万一、危険が生じても、相手がその危険を回避してくれるだろう

という子どもには教えたくない、身勝手なものでした。

きっと、このような考え方が習慣になり、「深く考えず」に黄色信号でもブレーキに足が乗らないのでしょう。こうした大人にいくら規則を説いても、しみついた悪習慣を改めさせるのは難しいものと思います。

次に、こうした「小さなルール違反」が、いかに、個人と組織に定着していくのか、そのメカニズムを見ていきましょう。

VIEW POINT 2 安全について

「安全」はあまりにも身近な言葉なので、改めて定義を尋ねられると、実はうまく説明できないことに気づきます。よくある誤解が、「事故のないこと」です。冷静に考えれば、「事故ゼロの絶対安全はありえない」ので、これは不正確です。では、何が正解なのでしょうか。

国際規格ＩＳＯでは、「**安全とは、許容できないリスクがないこと**」と定義します。耳慣れない言い方なので、詳しくお話しします。

「**リスク」とは、「危害の発生確率」と「危害の度合い」の組み合わせ**を意味します。その「危害」とは、人や財産・環境への損害を指します。

つまり、「リスク」とは、確率的に見積もられる期待値で、いわば保険料のように定量化された危険の大きさです。

仮に、自動車１台の衝突事故の発生確率が１年あたりで１％、事故１回あたりの損害額が100万円とすると、リスクは１万円／年・台（＝０．０１回／年・台×100万円／回）と見積もられます。

危険性をこう定量化すると、確率や規模がまちまちのさまざまな危害に対し、対策の優先順位が決めやすくなります。

その上で、「許容できないリスクがないこと」とは何か、裏返せば、「**許容可能なリスクのみが残る状態が、安全**」とする考え方を確認します。「許容可能なリスク」とは、現在の社会の価値観に基づき、与えられた条件下で受け入れられる水準のリスクを言います。

当然、事故ゼロが理想ですが、物理的に達成不可能です。それでも現実に妥協せず、達成できるものとの最適なバランスを追求しなければなりません。そこで、技術的な可能性や費用対効果などを考慮しつつ、一度失われては回復不能なもの（例　生命）には厳しく対応するなどの姿勢が求められます。

たとえば、日本の交通事故による死者は、ピークだった五十数年前は年間1万6000人余り（1970年）でしたが、現在は2700人弱（2024年）に減少しました。これは、道路や信号の整備、取り締まり強化、自動車の安全装備の充実など、さまざまな努力の賜物ですが、まだまだ技術の発展余地はあります。

そもそも、現在の自動車のリスク水準が「許容可能」かどうかは、メーカーやドライバー側の主観で決めるものではなく、社会全体で合意するものです。加えて、一度失っては取り戻せない尊い人の命は、計算上でそのリスクをお金に換算できても、治療で回復する軽傷と同列に比較できるものではありません。

こう考えると、交通事故の現状が「許容可能」な水準に達し、これ以上のリスク低減努力は非合理、とは多分、断言できないのではないでしょうか。さらに、継続的な努力を緩めれば、事故は増加に転じかねません。

だから、事故ゼロの理想を諦めるのではなく、ゴールがないからこそ、永遠に手の届かない不変の目標に向けて、少しでも近づく努力の継続が望まれます。常に現状に満足せず、終わりなき安全性向上を追求する姿勢とは、こうした考え方です。

この「安全（＝人の命を守ること）」を、「パーパス（＝事業を通じて社会の人々に貢献すること）」に置き換えれば、あらゆる企業における永遠の理想を追求する継続的改善の姿勢と、全く同じこととおわかりいただけるでしょう。

2 ルール逸脱の類型

信号無視のように、ルール違反だと「わかっていながら」、進んで逸脱を選択する「判断」ミスが、労働災害の大多数を占めます。ルールを当てはめれば簡単に正解が出るにもかかわらず、どうして人間は間違った、しかも自分や周囲を危険にさらす判断をしてしまうのでしょうか。

1 ルール逸脱のほとんどが意図的なもの

❶ 無意識なルール逸脱

安全ルールを破る（逸脱）パターンには、78ページの〈図5〉に示したように、4類型があります。

第1は、ルール通りにできない「行動の誤り」です。ルールが難しい、自分の乏しい技量ではできない、という場合。

第2は、ルールを知らない「**記憶の誤り**」です。本人の知識や周知方法に問題がある場合。この2つは、本人が意図せず、無意識のうちにルールを逸脱したものです。

❷ 意図的なルール逸脱

第3は、**ルールを知りながら**「**判断を誤った**」ものです。「ルールは常に守る必要はないだろう」「大丈夫だろう」と判断し、意図的に黄色信号を違反する例に相当します。違反した本人に理由を尋ねると、「つい」「うっかり」と言いますが、黄色を青色と誤認したわけではなく、黄色と「わかっていながら」、進行し続けたことに注目してください。

第4は、**故意にルールを破る**「**違反**」です。これはもう、確信的で悪意ある犯罪行為です。この第3・第4の2つが「意図的」な行動で、先に挙げた「不安全行動」にあたります。

2　ヒューマンエラー

第1から第3の類型のルール逸脱は、「ヒューマンエラー」に分類されます。**ヒューマンエラーとは、人間の判断ミスや失敗によって、意図しない結果が生じることです。**

図5｜ルール逸脱の類型

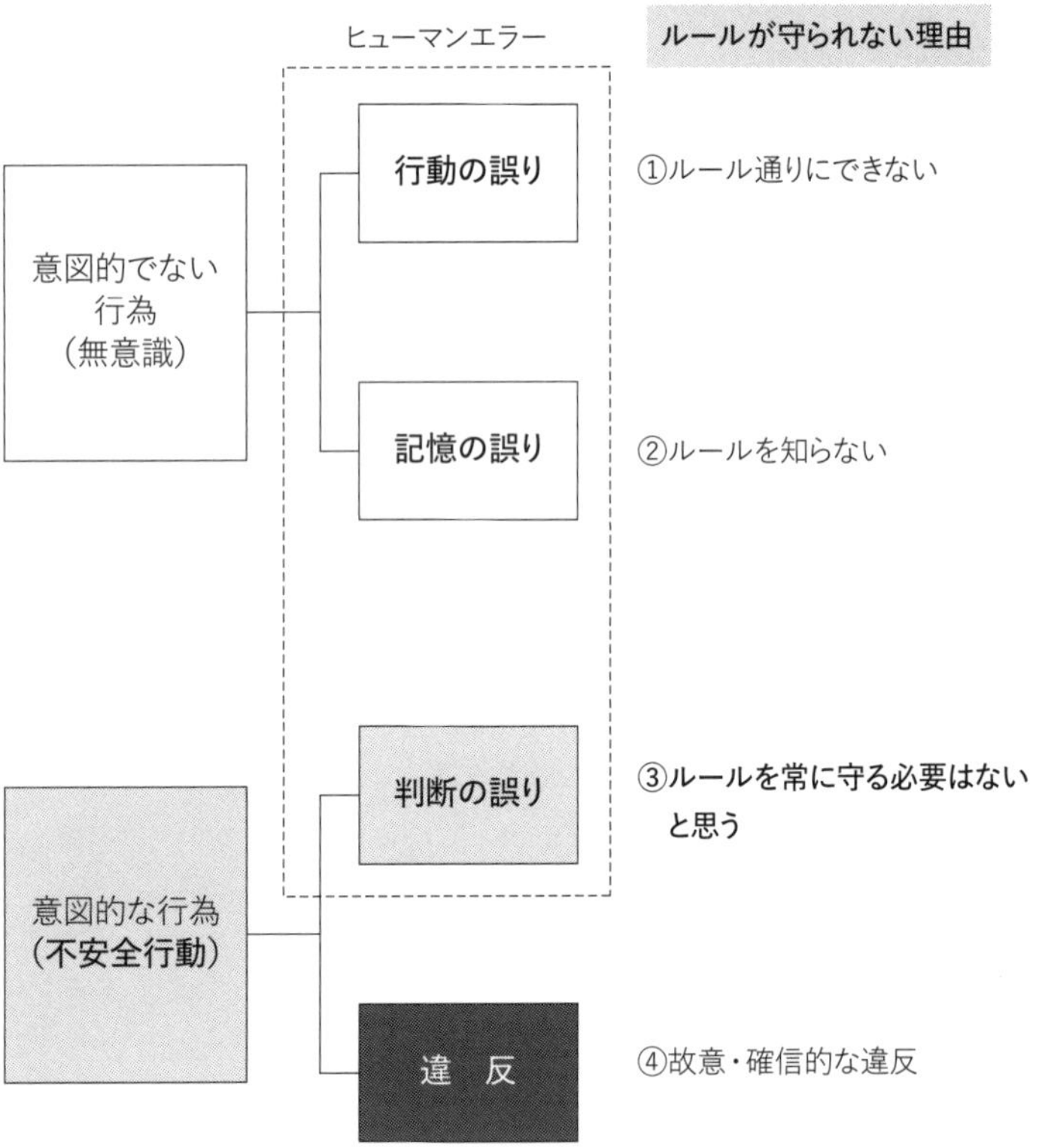
ヒューマンエラー
ルールが守られない理由
意図的でない
行為
（無意識）
行動の誤り
①ルール通りにできない
記憶の誤り
②ルールを知らない
意図的な行為
（不安全行動）
判断の誤り
③ルールを常に守る必要はない
と思う
違　反
④故意・確信的な違反

人間は、目や耳などの感覚器官を通じてインプットされる情報を「認知」し、「記憶」から必要な情報を取り出し、「感情」に影響されながら、脳で「判断」し、適切な「行動」をアウトプットします。その各段階でミスを犯した結果、事故や失敗などの意図しない結果を招いたものが、ヒューマンエラーです。

たとえば、自動車の交通事故では、標識を見落とした認知ミス、標識の意味を誤解した記憶のミス、遅れると焦った感情のミス、アクセルとブレーキのペダルをふみ間違えた行動のミスなど、原因はさまざまにあります。

では、これらは、「人には間違いがつきものなのだから、しかたがない」のでしょうか？

3 ヒューマンエラーはしかたないのか

実際の統計を見ると、労働災害の原因の96％が不安全行動、すなわち意図的なルール逸脱によるものです。そのほとんどが、第3の「判断の誤り」であることは言うまでもありません。

この際、「つい、うっかり」といった、背景にある動機や感情に目が行きがちで、「しかたないか」と同情的に見るかもしれません。

しかし、実際は、**フェールセーフ**（エラー発生時に安全側に作動させる仕組み）、**フールプルーフ**（エラーを発生しにくくする仕組み）などの事故防止対策にもかかわらず、決められた防護ヘルメットを装着しないなど、防御壁を無力化する「意図的」なルール逸脱という**不安全行動を、自ら進んで選択している実態**に注目しなければなりません。

なぜ、人は、ルールをわかっていながら、それを常に守る必要はない「だろう」、**たぶん大丈夫「だろう」と、根拠もなく、安易に間違った判断をして、自らルールを逸脱するのでしょうか？**

このような誤った判断に導く背景にある「無意識の当たり前の考え方、思考パターン」を改め、誰も見ていなくても、どんなに大変でも、正しいことを進んで行う、自律的・自発的に行動する人に変えるには、どうすればよいのでしょうか？

3 ルール逸脱を正当化する心理特性

悪いことと知りながら、「これくらいなら大丈夫だろう」などと、間違った行動を正当化するくせ（認知的不協和の解消）が、人間心理にあります。その結果がうまくいくと、その成功体験により、ルール逸脱が日常化し、それが無意識の当たり前の考え方になります。それが共通の組織文化に定着し、事故や不祥事の温床になります。

1 わかってはいるけど、やめられない理由

❶ 近道行動

悪いこととはわかってはいるけれどもやめられない、不安全行動という意図的なルール逸脱。そのメカニズムについて、もう少し詳しく見ていきましょう。

図6｜近道行動

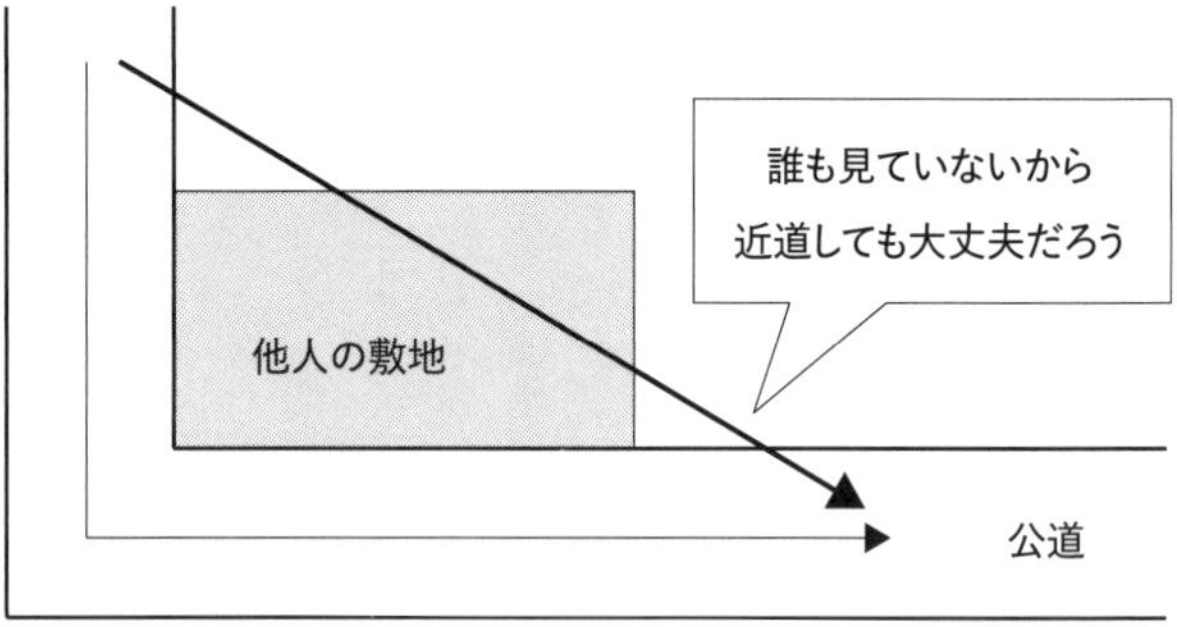

問題を解くカギが、労働災害を招く人間の行動特性の一つの「近道行動」にあります。

近道行動とは、時間や手間を省くため、少々、リスクがあっても、本来行うべき手順や工程を怠ることです。

決められた経路では遠回りになり面倒なので、時間と労力節約のためにリスクを冒して、道路ではない他人の敷地に立ち入り、近道をするというのが典型です。〈図6〉

多分、近道をすることがふだんの習慣になり、そうした場所に差しかかれば、黄色信号と同様、深い考えもなく、躊躇なく近道を選んでいるはずです。

なぜ、悪いことや危ないことと「わかっ

ていても」、良心のとがめもなく平気で近道をするのでしょうか。

私たちの善悪意識は、その程度なのでしょうか。

また、そうした意識を矯正するのに、ルールや倫理の教育だけで効果があるのでしょうか。

2 都合のよい正当化理由・認知的不協和

結論から言えば、近道行動のような逸脱は、人間の脳にそうさせるくせがあるためです。

人は、自分の行動や考えで矛盾したことを行っているときに、不快感（認知的不協和）を覚えます。そこで、その不快感を解消するため、自分に都合のよい考えを生みだし、矛盾を打ち消そうとするのだ、と心理学者は説明します。

近道の例では、正しい考え方が「道路を歩く」である一方、「遠回りなので、いけないことだが他人の敷地に入って近道をしよう」と、ルールを逸脱する行動を選択します。

すると、**考えと行動が矛盾するので、その矛盾解消のため、「誰も見ていないから、大丈夫だろう」と正当化理由を立て、心に折り合いをつけます。**

「理由」にするものは、いくら身勝手なものでも、非合理的なものでもかまいません。

❸ 逸脱の日常化

そうして近道を行うと、たやすく時間と手間が省け、「**うまくいった**」成功体験を得ます。するとそれに味をしめて、次回も同様に近道をするようになり、それが習慣化します。

そうして、いつしか、その際の正当化理由が無意識の「当たり前の考え方」になり、ゆでガエルが徐々にゆで上がるように、自分の歪んだ考え方に違和感や罪悪感を抱かなくなります。〈表6〉

より大きな問題は、さらに、そうした行動を見ている周囲の人も、「**あの人がやっているなら、この行動は許されるはず**」と考え、ルールが定めた基準の高さを勝手に下げることに同調することです。

そうした歪んだ考え方（メンタルモデル）が一人ひとりに定着し、組織文化の奥底にある、「無意識のうちに当たり前になっている考え方」になり、組織的に逸脱が日常化するのです。

事実、前述のスペースシャトル・コロンビア号の事故では、原因となった打ち上げ時の耐熱タイル剥落は、本来、技術基準の許容レベルを超えた重大なトラブルでした。

ところが、１９８１年のシャトルの初飛行以来、１００回以上のフライトで毎回のように剥落が発生しながら、幸い事故に至らなかったことから、「これぐらいのトラブルなら、大

表6｜ルール逸脱の正当化と日常化（近道の場合）

a. 元々の考え　道路を歩かなければならない（ルール遵守）

b. 矛盾した行動

道路を歩くと遠回りの上、時間もかかるので、いけないことと承知しているけれど、他人の敷地に立ち入って近道をする（ルール逸脱）

c. 都合のよい考え（正当化理由）

誰も見ていないから、他人の敷地に入って近道をしても大丈夫だろう（自己流の運用）

⇩

d. 逸脱の日常化

近道をしてうまくいく成功体験を重ねると、それが習慣化し、無意識の「当たり前の考え方」になり、「それがおかしい」との違和感や罪悪感を感じなくなります。（メンタルモデル、組織文化に定着）

丈夫だろう」と、組織的に逸脱が日常化していた、と事故調査報告で指摘されています。

わたし自身、作業ルールからの逸脱によって事故を起こした当事者の聞き取り調査を行った際、「これくらいなら、ルールを守らなくても大丈夫だろう」という意識が、本人のみならず、同じ職場に広がっていることを目の当たりにしたものでした。

こうした逸脱が日常化し、一人ひとりの意識や行動習慣にしみついた結果、生じた事故や不祥事は起こるべくして起こったもので、組織的に頻発、継続してしまうわけです。

このようにNASAという超エリートの技術集団をはじめ、あらゆる職場が、「わかっているが、やめられない」落とし穴にはまってしまいます。これを「慣れ」の一言で片づけるには、あまりに重大な問題ではないでしょうか。

VIEW POINT ③ メンタルモデル

「メンタルモデル」とは、「誰もが自覚なしにもつ価値観や思い込み」を指す、心理学上の用語です。この「思考の枠組み」によって、**現状をモデル化して単純に考える**ことで、効率的に行動できるようになります。たとえば、毒々しい色の野生のキノコをぱっと見たら、「食べたら危ない」とパターン的に判断できます。

このように、深く考えることなく、過去の経験などから直感的に判断することで、高い確率で素早く正解を見出せます。つまり、あたかも眼鏡の「レンズ」のように、このメンタルモデルを使って世界を見て、意味を見つけるわけです。

しかし、毒々しい色彩のキノコのすべてが有害ではないように、メンタルモデルによる思い込みや早合点が多くなると、色眼鏡でものを見るように思考や行動が硬直化し、的確な状況認識が難しくなります。たとえば、認知バイアスに見られる誤った判断などで、正しい方向に進めなくなる問題が生じます。

この個人のメンタルモデルの集まりが、組織文化の深層にある「当たり前のものの考え方＝基本的想定（次章で説明します）」の一部をなすことは、もうおわかりいただけると思います。

わたし自身、はじめてメンタルモデルの言葉を耳にしたときは、何か煙に巻かれた気がして、正直、違和感をぬぐえませんでした。

しかし、全社員との無数の対話を繰り返すたびに、「まさか、あれほどの大地震と津波が現実に来るとは思わなかった」と、みなが、判で押したように同じ発言をするのを前にし、「これがメンタルモデルなのか」と、その正体を思い知らされました。

確かに発生確率の極めて低い自然災害に遭遇したことは事実でしたが、この強固なメンタルモデルゆえに、何年経ってもそこで思考が止まっていました。

こうした「まさか、起きないだろう」といった判断のエラーの原因をビッグデータで分析した研究によれば、それを生むマインドセット（＝心の持ち方）には、「妄信」、「うぬぼれ」、「無知の未自覚」、「過去への執着」、「二者択一の意思決定」があるといいます。

このように、個人にも組織にも、無意識のうちに硬直的な思考や偏見、先入観に陥りやすい習性があるのです。

ならば、いかにして弊害を避ければよいのでしょうか？

社員のみなさんの意識改革のために、何ができるか？　長年の試行錯誤の末にわたしが見出した現時点で最良の方法は、「問うこと」でした。「常に問いかける姿勢」でした。

色眼鏡をはずし、先入観を持たずにものごとを眺め、少しでも疑問があれば立ち止まり、考え、声を上げ、周囲に支援を求めることです。自分の頭で考え、正しいと思ったことを積極的に行う姿勢であることです。

「まさか、起きないだろう」と、見たくないものから目を背けるのではなく、不都合なことに正面から向き合い、「もし、起きたらどうしよう」と、ぶれずに判断するメンタルモデルを新たにつくることです。

一人ひとりの自律的な行動が一層求められる中で、個人の行動を左右するメンタルモデルの歪みを自覚し、いかに克服するか、重要なポイントですので、次の項で詳しく掘り下げていきます。

4 不正のトライアングル

組織犯罪学による「不正のトライアングル」理論は、「動機・機会・正当化」の3要素が揃うことで、不正が起きることを明らかにしています。これは、ごく普通の真面目な人でも、本人の心理次第で、正しくない行動を選択するメカニズムを説明したものです。組織事故や不祥事の防止には、これをふまえた一人ひとりへの働きかけが必要です。

1 3つ揃わないと発生しない不正

❶ 不正のトライアングル理論

ルール逸脱に関連し、不正などの企業不祥事が起きるメカニズムを説明した、「不正のトライアングル」という組織犯罪学上の考え方があります。

それによると、不正は、次の3つが揃ったときに起こります（序章でも触れました）。

①「動機」
②「機会」
③「正当化」

第一の「動機」には、たとえば厳し過ぎる利益目標など、不正を行わざるをえないプレッシャーが挙げられます。

第二の不正を行える「機会」には、人の監視の目が行き届かない環境などが挙げられます。

第三の不正を「正当化する理由」とは、近道行動の例における「誰も見ていないから大丈夫だろう」という、悪いこととはわかっているけれど、それに反する行動を行うため、自分の心に折り合いをつける、身勝手で歪んだ理由です。〈図7〉

❷ 正当化理由

では、最後の段階の「正当化」について、もう少し詳しく見てみましょう。実際、不正を正当化する際に、どんな理由が挙げられているのでしょうか？　最近、不祥事が発覚した企業での調査で明かされた、関係者の声を紹介します。

「どうせ言っても、聞いてもらえないだろう」

「自分が動かなくても、誰かがやるだろう」

「ばれなければ、隠してもかまわないだろう」

「利益やシェア確保のためならしかたない」

「社内ルールだから破ってもかまわない」

……つじつまが合わない身勝手な「正当化理由」ばかりです。

ごく普通の真面目な人たちが、組織内でジレンマに直面すると、自分なりの稚拙な理由づけで良心にふたをし、不正に関与し、仲間の不正を黙認してしまうのです。

実際、こうした正当化理由は、組織的な不正を研究するアリゾナ州立大学の心理学者・ブレイク・アッシュフォース教授によれば、

① この行為は違法ではない
② 自分ではどうしようもないので、こうするのもしかたない
③ 実際には誰も損害を受けない
④ 被害者にも責任がある

図7｜不正のトライアングル

<目標達成のプレッシャー>

・売上高や利益、市場シェアの重視

・業績に連動した人事評価制度

<事実隠蔽・上申忌避の動機>

・不都合な事は隠したい

・自分の持ち場を越えて声を上げたくない

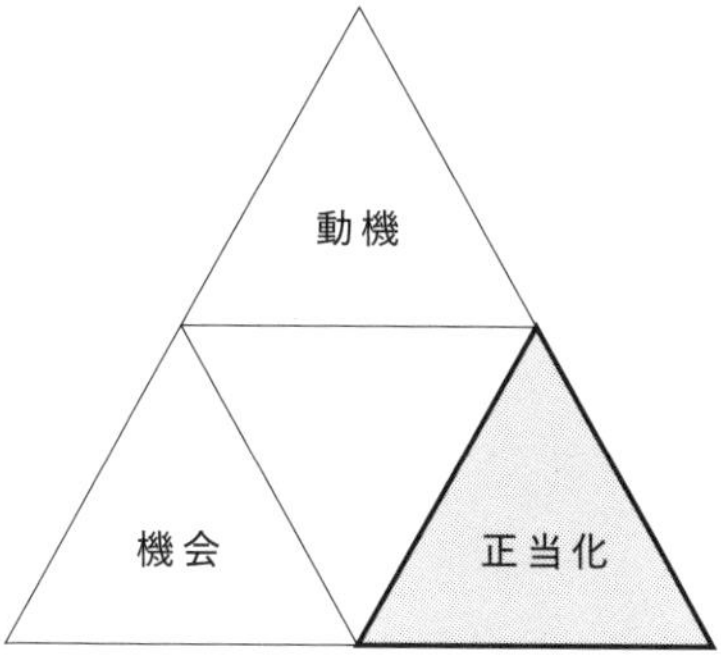

<相互牽制が働かない>

・縦割り、タコツボ化した風通しの悪い組織

・内部監視制度の機能不全

<誇りを失った、身勝手で歪んだ考え方>

・どうせ言っても聞いてもらえないだろう

・自分が動かなくても、誰かがやるだろう

・ばれなければ、隠してもかまわないだろう

・利益やシェア確保のためならしかたない

・社内ルールにすぎないから
破ってもかまわない

⑤ もっとひどいことをしている人もいる
⑥ これは自分のためではなく、組織のためである
⑦ これまで善いことをしてきたから、これくらいの逸脱は許される

などの類型に整理できることが明らかにされています。

2 不正を防止するには？

❶ 自律性の強化による自己コントロール

「動機・機会・正当化」の3つのリスク要因を減らすには、まず倫理・道徳観念や自律性の強化による自己コントロールが必要です。

その上で、「**その行動を、胸を張って家族に説明できますか**」と自問することが、不正防止のため、よく推奨されます。

特に、都合の良い正当化理由の落とし穴に陥らないよう、誰も見ていなくても、どんなに困難でも、自分の頭で考え、それで良いのかと自分に問い、仲間に問い、正しいと考えたことを自ら進んで行動する、自律的・自発的な姿勢が一人ひとりにあれば、こうした不祥事は

起きるはずがありません。

仮に、不正を行う動機と機会があっても、最後の正当化理由の歪みに、「この理屈はおかしいのではないか」と、気づいて自分で歯止めをかけなければなりません。

❷ 無意識の中に浸透した歪んだ考え方を変容させる

不正防止の抜本的な対策としては、無意識のうちに浸透した歪んだ考え方を、組織文化のレベルで意識変容（第2部の第1章で説明します）することが必要になります。

不祥事を起こした組織では、「正当化理由」に見られる歪んだ考え方が、一人だけではなく、多数の人たちに共有され、みな、同じ思考パターンにあることを問題視しなければなりません。その「歪んだ考え方」が、組織内で暗黙裡に共有された無意識の「当たり前の考え方」として、組織文化にしっかりと浸透している可能性が大いに疑われるからです。

とかく、不祥事が発覚すると、事後的対応として経営理念や行動規範の浸透、法令遵守・企業倫理の教育が行われるのが常ですが、課題の本質は、理念や行動規範、ルールなどが正しいこととわかった上で、「そうは言っても」と、意図的に逸脱する無意識の思考のくせにあります。これを克服しなければならないのです。個人のメンタルモデルや組織文化の深層の問題だと理解し、それに見合った対策を講じることが重要です。

身近な例で言えば、禁煙やダイエットの習慣が身につかない人に、どうすれば意識や行動の変容を図れるか、という保健指導と同様の問題です。

「健康に悪いから」と、いくら理を説いても、「わかっているけれど、やめられない」人の習慣や無意識の心の動きを変えることは、確かに難しいものです。きちんと取り組めば克服できるけれども、努力の手を緩めれば元の木阿弥になりかねない問題でもあります。

この問題は、第2部の第2章などで詳しく解説します。

5 近年の企業不祥事の背景

ものづくり日本を支えてきた製造業をはじめ、サービス業、テレビマスコミも含めたさまざまな分野で、不祥事のニュースが相次いでいます。第三者委員会による調査報告や、行政による立入検査の結果、根本原因として、これまで説明してきた逸脱の日常化とそれを正当化する歪んだ意識の浸透など、組織文化面での共通課題が見えてきます。

1 製造業での品質偽装問題

コンプライアンスや顧客重視などの、ごく当たり前の基本目標から逸脱し、自社の利益や工程を重視する身勝手な動機で、会社全体への信頼を揺るがす品質偽装や不正請求などがたびたび発生しています。まずは、製造業で近年起こった、品質偽装の代表的な例を挙げてみましょう。

❶ 三菱電機

２００１年に不正が発覚し、調査の結果、国内２２製作所中１７製作所で、発電所設備から自動車部品などに至る幅広い製品について、１９７件の品質不正が行われていたことが判明しました。中でもある製作所では、約４０年前から不正が続いていました。

品質不正の原因として、次の歪んだ意識や行動が調査報告書で指摘されています。

- 品質に実質的に問題がなければよいとの正当化
- 品質部門の脆弱性
- ミドル・マネジメントの機能不全（問題を把握しても是正せず。部下は言ったもん負け）
- 本部・コーポレートと現場との間の距離・断絶
- 拠点単位の内向きな組織風土
- 事業本部制の影響
- 経営陣の決意の本気度に課題

また、多数の製作所で同様の意図的な品質不正が行われた理由に、手続き軽視などの不正発生原因が横断的に存在していた点、すなわち一種の企業文化があったことが注目されます。

特に、品質不正を正当化する理由として、

「納期やコスト削減」

「昔からやっている」

「前任者から指示された」

「性能や安全性に問題はない」

「試験設備が存在しない」

などの歪んだ意識が、現場の社員に浸透していました。


再発防止対策としては、品質風土・ガバナンス面での改革に加え、「組織風土」改革として、「双方向で且つ風通しの良いコミュニケーションの確立による、自らが組織として問題解消を図ることが出来る風土の醸成」への取り組みが行われています。

❷ 日野自動車

車両用・産業用ディーゼルエンジンの認証申請に関し、排出ガス劣化耐久試験と燃費測定における不正行為が2022年に発覚し、国土交通省による型式指定取り消し処分や是正命令にまで発展しました。

特別調査委員会が行った従業員アンケートでは、不正発生部門や個人に関することよりも、同社全体の企業風土や体質に問題の真因があると指摘する声が多くありました。

その上で、特別調査委員会報告では以下の諸問題を「真因」に挙げました。

①みんなでクルマをつくっていないこと

- セクショナリズムと人材の固定化
- 職業的懐疑心や批判的精神に基づく建設的議論の欠如
- 能力やリソースに関する経営陣と現場の認識に断絶
- 法規やルールの動向を把握し、その内容と影響を社内に展開する仕組みの弱さ
- 品質保証部門や品質管理部門の役割が十分に理解されていないこと

②世の中の変化に取り残されていること

- 上意下達の気風が強過ぎる組織、パワーハラスメント体質
- 過去の成功体験に引きずられていることや撤退戦を苦手とする風土
- 開発プロセスに対するチェック機能が不十分

③業務をマネジメントする仕組みが軽視されていたこと

- 開発プロセスの移行可否の判定が曖昧
- パワートレーン実験部が、開発業務と認証業務の双方を担当

- 規程やマニュアル類の整備、データや記録の管理が適切になされていない
- 役員クラスと現場との間に適切な権限分配がなされていない

このような多様な問題の広がりを踏まえ、再発防止のため、「人財尊重と正しい仕事を実践するための経営改革」と並んで、「人財尊重を中心に据えた組織風土改革」として、「みんなでお客さまに向き合い、協力し合う文化」と「主体性と能力を引き出す人づくり」を軸とする取り組みが行われています。

3 豊田自動織機

2023年に、同社が製造するエンジンの排出ガス性能に関する国内認証での法規違反が発表されました。調査の結果、フォークリフト用エンジンの認証での違反行為や、建設機械用エンジンでの排出ガス規制値超過、自動車用エンジンでの出力試験の違反行為が確認されました。

不正は、試験結果の書き換え、データの書き換え、量産品と異なる制御ソフトの使用などです。この結果、国土交通省から是正命令と産業車両用エンジン3型式の型式指定取消処分を受けました。

不正原因として直接的には、関係者のコンプライアンス意識の低さ、不合理な開発スケジュール、問題解決に行動を起こさない管理職の機能不全などが、調査報告書で挙げられます。特に、不正行為を知っていても、「上司に相談したところでどうせ、『何とかしろ』などと言われる雰囲気があり、部長に相談したとしても無駄であると半ば諦めていたため、報告することはなかった」と、言い出せない風土を語った関係者の証言も明らかにされています。

その上で、根本原因のひとつに、「企業体質・組織風土」が挙げられています。具体的には、エンジン製造を発注するトヨタ自動車から指示されたことは実行できるが、自ら問題や課題を発見し、解決する方策を導き出す力が弱い「受託体質」や、産業車両用エンジンを軽視する風土、リスク感度の低さ、いびつな部門間の力関係が指摘されています。

以上に基づき、再発防止対策として、次の3つの改革を行う、としています。

- 間違いがあれば気づき、立ち止まり、みんなで改善できる風土を醸成する
- 誠実を貫き、正しいものづくりが行えるしくみをつくる
- リスクに適切に対応し、最適な経営資源配分を行うための組織／体制を構築する

2　金融・サービス業でのシステム障害や不正請求問題

次に、金融・サービス業で起こった不祥事の例を見てみましょう。

❶ みずほ銀行

２００２年、２０１１年に大規模システム障害が発生した同社は、新システムに移行が完了し、危機管理や情報連絡体制を整備したにもかかわらず、２０２１年にも大規模システム障害を発生させ、顧客対応や危機管理面での大きな課題を示しました。

調査委員会の分析では、

- 危機事象に対応する組織力の弱さ
- ＩＴシステム統制力の弱さ
- 顧客目線の弱さ
- 根底にある、それらが容易に改善されない体質ないし企業風土

の４点が原因と指摘されています。

最後の「企業風土」の課題には、持ち場を超えて積極的・自発的に行動する姿勢の弱さの背景に、積極的に声を上げ、かえって責任問題となるリスクをとるよりも、自らの持ち場でやれることはやっていたと言える行動をとるほうが、組織内の行動として合理的な選択になるという企業風土があるためではないか、と指摘されます。

金融庁は、同行への業務改善命令の中で、システム上やガバナンス上の問題の真因を、

- システムに係るリスクと専門性の軽視
- ＩＴ現場の実態軽視
- 顧客影響に対する感度の欠如、営業現場の実態軽視
- 言うべきことを言わない、言われたことだけしかしない姿勢

と、厳しく指摘しました。

その上で、こうした企業風土を改め、各々の役職員が顧客影響に対する感度を高めていくなど、組織的行動力を強化し、行動様式を変革していく具体的な取り組みを盛り込んだ業務改善計画の策定と実施を同行に求めました。

2 損保ジャパン

2022年に明らかになったビッグモーター社による悪質な保険金の不正請求に対し、同社出向者からの報告を受けながら、厳格な指導や調査を行った場合の同社の反発や営業成績・収益への影響を懸念し、組織的対応を講じずに被害の拡大を招きました。

この不祥事に対し、社外調査委員会は報告書の中で、以下の原因分析を示しました。

①人的要因
- 損害保険制度の社会的使命に対する自覚が乏しかったこと
- 当社都合・代理店対応に重きを置くあまり、真の顧客利益を重視し得なかったこと
- リスク認識および危機対応の前提としての想像力の乏しさ
- 経営層と現場役職員との意識の著しい乖離
- 役職員に見られる主体性の乏しさ（縦割り思考、他責思考）

②制度的要因
- 内部統制システムの不備およびコンプライアンス体制の機能不全
- 営業部門の偏重と保険金サービス部門の相対的弱体化

③背景要因

- トップライン、マーケットシェアの偏重
- 整備工場と保険代理店の兼業
- 生産性向上の歪み

他方、金融庁は損保ジャパン社への立入検査などの上、同社に発した業務改善命令の中で、

- 顧客の利益より、自社の営業成績・利益に価値を置く
- 社長等の上司の決定には異議を唱えない上意下達
- 不芳情報が、経営陣や親会社といった経営管理の責務を担う者に対して適時・適切に報告されない

という企業文化が、歴代社長を含む経営陣の下で醸成されてきたことが、一連の不祥事の真因とし、営業優先ではなくコンプライアンス・顧客保護を重視する、健全な組織風土の醸成を同社に求めました。

❸ 近畿日本ツーリスト

地方自治体から受託した新型コロナウイルスワクチン接種に係るコールセンター業務で、複数の支店が実際の稼働数量に基づかない過大な費用を請求していたことが、2023年に発覚しました。

これは各支店が独自に行った不正ですが、広範な地域で同時並行的に発生し、長期間継続の上、是正もされなかったことから、一部社員のコンプライアンス意識の低さによる局所的問題ではなく、

- 利益追求への強い指向
- 各人の行為の妥当性および適法性に対する意識が希薄化
- 管理態勢の脆弱性
- 社内組織の各階層間における正確な意思疎通の欠如と現場の問題を躊躇なく経営陣に進言する風土の欠如

の特質で構成される企業風土（全社的な企業カルチャー）という組織的な問題を根本原因として捉えるべき、と調査委員会は認定しました。

3　共通して見られる組織文化上の課題

このように基本ルールや原則から逸脱した企業不祥事が繰り返されています。各社ごとの原因分析結果には、内容に濃淡があり、着眼点も異なるため、横並びの比較は適当ではありませんが、あえて共通点を探るならば、

①関係者一人ひとりの主体性の劣化（声を上げない、関わりたくない）
②内向きの視線（自職場だけよければよい、他部門や社外、お客さまへの関心が薄い）
③経営と現場との乖離（課題が共有されない）
④ルールやプロセスにしたがって正しいことが行われない
⑤管理職がやるべきことを行っていない

といった点が挙げられます。

つまり、要因はいくつも絡まり合いますが、本来やるべきことからの逸脱が日常化し、それが当たり前になり、そうした問題ある状況の是正がされないことが、核心的な問題です。

言い換えれば、各職場が直面する課題を自主的に改善する力が働かず、経営からの支援も得られず、不正を招く「動機」「機会」となる問題が放置される状況に加え、歪んだ「正当化理由」を許す無意識の考え方が、組織文化の最深層に浸透しているという問題です。

たとえば、「自働化」が進んだトヨタ自動車の工場では、異常があったとき、チームの誰もが「アンドン」の紐を引いてライン全体を止めることができ、全員が品質への責任をもちます。ところが、前記の各不祥事では問題に気づいていた人が多数いたのにもかかわらず、管理職も現場も声を上げませんでした。「なぜ、誰もアンドンの紐を引かなかったのか?」という、シンプルな疑問に対して、わたしたちは答を探さなければなりません。

組織的な不正が長期継続するメカニズムについて、前述のアッシュフォース教授は、

①不正が日常的に妥当性を意識することなく行われるようになる「制度化」
②不正のトライアングルの一要素でもある、組織内でしか通用しない説明によって不正を正当化する「合理化」
③新たに組織に加わるメンバーに不正が容認されるものと教育する「社会化」

の3プロセスが、相互に影響し合いながら不正の常態化を助長する、と言います。

第1の「制度化」のプロセスでは、

① 最初の不正が行われ
② それが追認され、発覚せず
③ 前例にならうことへの抵抗感が薄くなり、不正が繰り返され
④ 不正を前提とした仕事の流れや評価などに変化した結果、外部から隔離された「社会的な繭」の中で不正を容認する組織文化が形成されます。

このようにして、不正がルーチン(習慣)化し、組織に根づきます。

このように、歪んだ行動が意識を変え、意識が行動習慣化を助長し、組織の仕組みとなっていくプロセスは、先にお話しした「組織文化」がつくられる過程そのものです。

組織事故の研究で著名なジェームズ・リーズン教授は、安全文化づくりには、

①「報告する文化」
②「正義の文化」
③「柔軟な文化」
④「学習する文化」

の4要素が必要だと言いました。

それとは対照的な本章の不祥事の実例を見ると、まさにその通りだと思わされます。

VIEW POINT 4 インテグリティ

ピーター・ドラッカーの『マネジメント』には、随所にハッとさせられる記述があります。わたしがはじめて目にしたときに最も印象に残った箇所が、「マネジャーの資質」です。

人という特殊な資源とともに仕事をするマネジャーには、管理能力などとは違って後から学ぶことのできない、はじめから身に付けておかなければならない根本的な資質が必要だ、と彼は言います。その資質とは、「インテグリティ」です。

インテグリティ(Integrity)には直接、対応する日本の概念がなく、しっくりした訳が難しいのですが、英々辞典では「外界からいかなる影響を受けようとも、変えることを拒み、内面の誠実さと高いモラル意識を保つこと」との説明があります。

また、"integral part"と言うと、「これがなければ全体が成り立たない、最も大切な部分」を指します。

つまり、インテグリティとは「真摯さ」、「誠実さ」、「高潔性」、「首尾一貫性」などを意味します。

これを踏まえて、ドラッカーはマネジャーについて、こう言います。

「一流の仕事を、人にも自分にも要求する。高く定めた基準を守ることを期待する。何が正しいかだけを考え、誰が正しいかを考えない」

いわば、自分の中に揺るぎない軸があり、それにしたがって正しいと考えたら妥協せず、自分の良心に嘘をつかず、誠実に行動する姿（孟子の一節、「自ら顧みてなおくんば、千万人といえども我行かん」）が浮かんできます。

いわば、外から命じられて「悪いことをしない」コンプライアンス（法令遵守）とは対照的に、自分で考え、「進んで善いことをする」、究極の「自律性」のある生き方です。

第3章

3層モデルで考える思考の歪み

前章では、「なぜ、わかっていてもルールを守れないのか」という切り口から、誤った判断を繰り返す「当たり前の思考習慣」の問題を掘り下げました。本章では、その思考習慣の問題を「組織文化」の3層モデルに当てはめ、なぜ、「言行不一致」や「本音と建て前の乖離」が看過できないのか、原子力事故の教訓とともに考えます。

1 組織文化の3層モデル

組織文化の本質をつかむには、これからご説明する「3層モデル」が不可欠です。本書の「はじめに」に記した「レンズ」の一つです。これが腑に落ちれば、組織文化の変革、つまり意識・行動変容の勘所が、なあんだ、そんなことだったのか、と見えてきます。

1 3つの要素からなる文化

❶ 3層モデル

「組織文化」研究の第一人者のマサチューセッツ工科大学エドガー・シャイン名誉教授は、次の3層モデルを提唱しました。形がなく抽象的な文化を巧みに表現したものですので、まずは、細部にこだわらず、全体イメージをつかんでください。

図8｜3層モデル

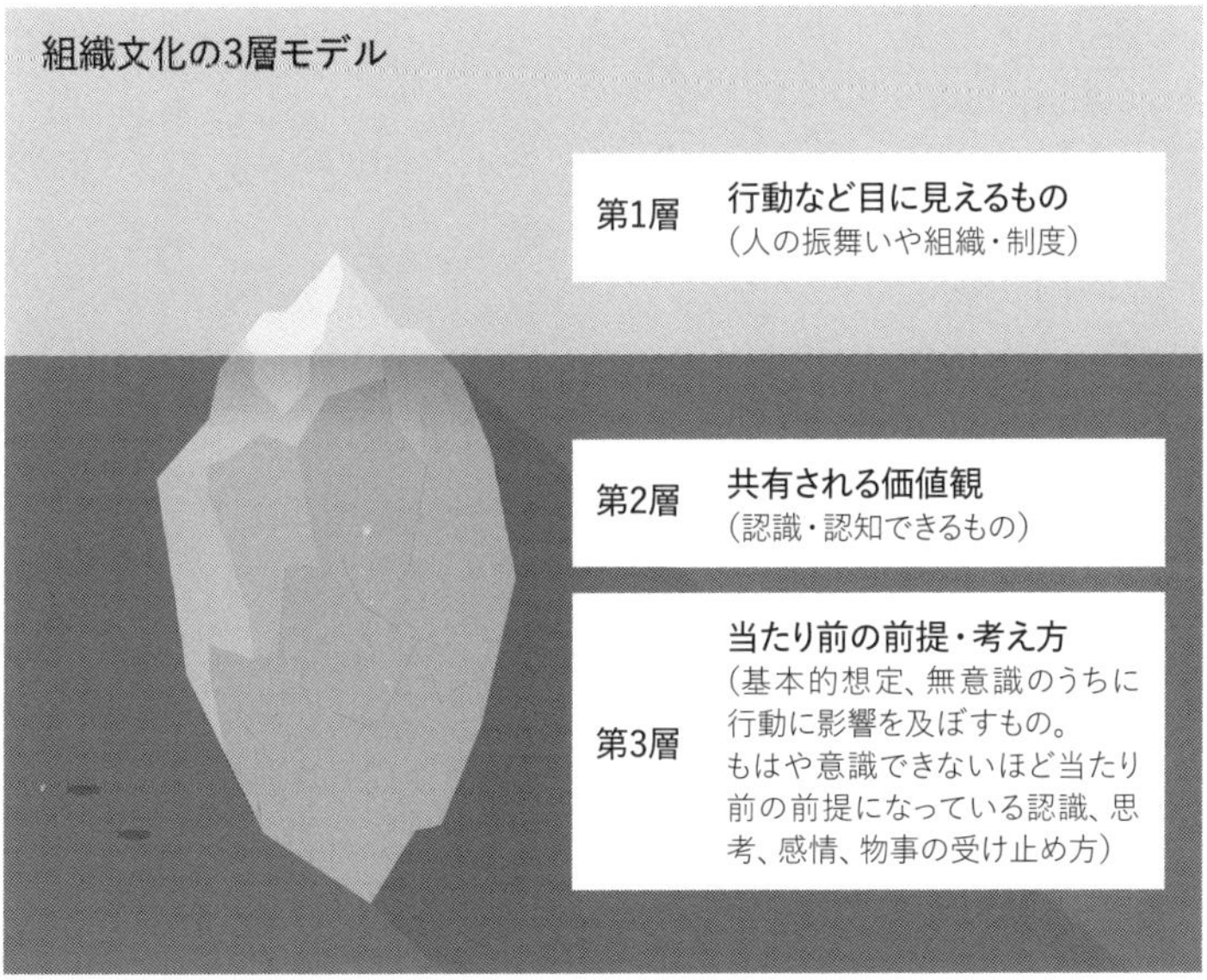
組織文化の3層モデル
第1層
行動など目に見えるもの
（人の振舞いや組織・制度）
第2層
共有される価値観
（認識・認知できるもの）
第3層
当たり前の前提・考え方
（基本的想定、無意識のうちに行動に影響を及ぼすもの。
もはや意識できないほど当たり前の前提になっている認識、思考、感情、物事の受け止め方）

組織文化は、前ページの〈図8〉にも表したように、次の3要素から成り立ちます。

第1は、「**目に見える要素**（人工物）」です。具体的には、人の行動や振舞い、組織や制度などがあります。たとえば、アメリカ人の振舞いはカジュアルでフランク、といったものです。

第2は、「**共有される価値観**」です。具体的には、経営理念や信条など認識・認知できるものです。アメリカ人で言えば、人種や価値観の多様性の尊重、といったものです。

第3は、もはや意識できないくらい「**当たり前になっているものごとの前提や考え方**（基本的想定）」です。ものの感じ方、考え方、受け止め方、暗黙のルールなどです。

❷ 見えにくい部分こそが本質的課題

組織文化は、海に浮かぶ巨大な氷山のように、水面上に第1層が現れますが、水面下の見えない部分に第2、第3の要素が隠され、組織の中や外からも、その特徴が見えにくくなっています。

組織文化の根底にある第3層の「当たり前になっているものごとの前提や考え方（基本的想定）」は、個人の心理で言えば、思考の前提や枠組みである「メンタルモデル」（前章のコラムをご参照ください）に対応します。

当然、組織を構成する人の相互関係や行動、歴史、感情、風土、意味、システムなどさまざまな要素が関係し合うので、組織文化の生成や変化は3要素だけで説明し切れるものではありません。それでも、第3層の歪みが事故や不祥事の温床になるメカニズムは知っておきたいことですので、後ほど説明します。

2　習慣化が文化づくりのカギ

組織文化とは、前述のように、「組織を構成する一人ひとりの意識と行動の集まり」であり、「無意識のうちに共有される当たり前の考え方や行動様式」と言えます。たとえば、ある組織の人々に共通する、特有の振舞いや、くせ、らしさ、といった形で現れます。

組織文化は最初からあるのではなく、新たに組織がつくられた際に、創業した経営者が自身の価値観や信念、創業目的などを経営理念に定め、意識的に社員の心や行動を揃える作業を熱心に行うところから生まれます。そうした強固な組織文化づくりに成功した企業が、イノベーションを起こして競争を生き残り、そうでない企業がいつしか消え去ることは、歴史の示すところです。

図9｜組織文化のつくり方

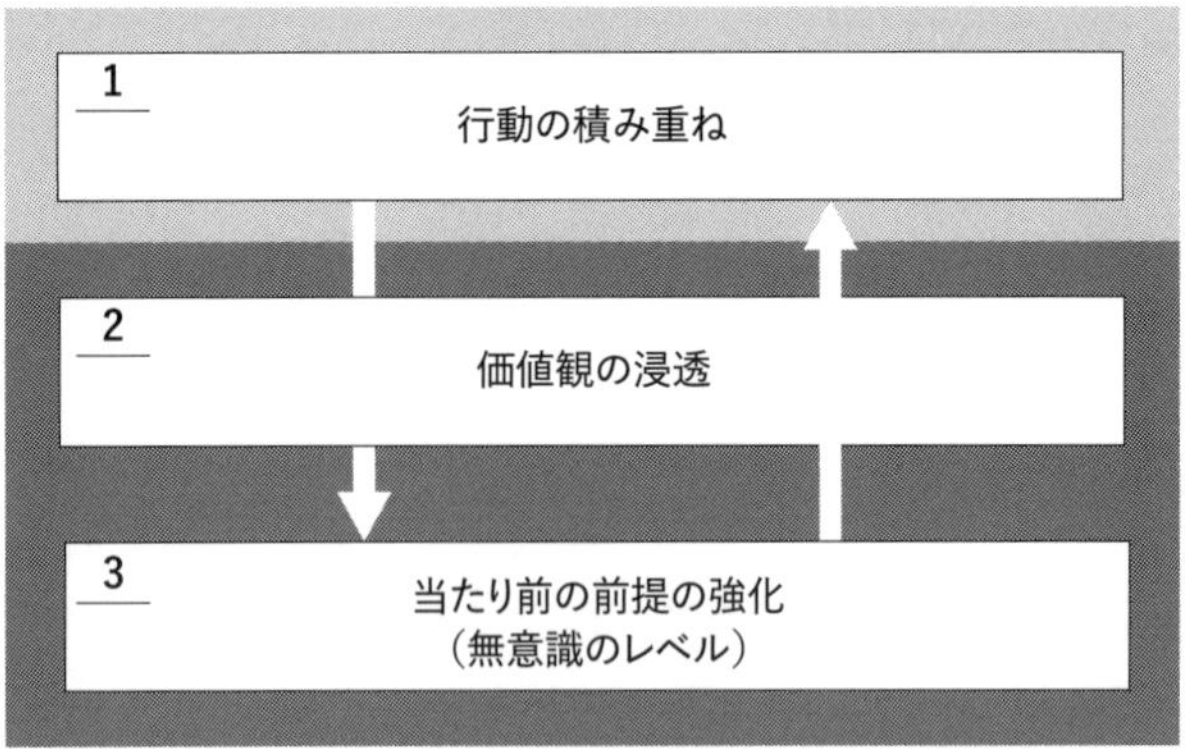

その際、**組織文化をつくる方法は、「習慣化」の一言に集約されます。**

3層モデルで言えば、第1層でその組織が望む「行動」を日常で反復し、第2層で正しい「理念」を浸透させ、それを繰り返して第3層の「当たり前の考え方」を強化する取り組みを、粘り強く継続することです。〈図9〉

つまり、組織文化づくりとは、たとえば、子どもに歯みがきを教え、健康の価値観をしみ込ませ、指示されなくても進んで歯をみがく習慣を身に付けさせる「しつけ」と、全く同じことです。習慣通りに歯をみがかないと違和感を抱くくらい、文化の第3層が強くなれば本物です。

問題は、こうした家庭での取り組みと同様に、企業内でも、そこまで徹底した日常での意識づけや行動習慣化が、社員に対して行われるかどうかです。

前章で指摘した、「これくらいなら大丈夫だろう」との安易な正当化理由によるルール逸脱に対し、みなが違和感を抱かない組織文化の背景には、それを許すようなコミュニケーションや甘い仕事の進め方が習慣化していることがあるように危惧されます。

もし、第1層（行動）、第2層（価値観）、第3層（無意識の当たり前の考え方）のすべてが徹底して整合すれば、深く考えなくても第3層の「当たり前の考え方」にしたがい、習慣的に正しい行動が行われ、「言行一致」を体現することになります。

それは、交差点に差しかかったら、「大丈夫だろう」との漫然とした運転はせず、無意識の習慣にしたがってスピードを緩め、信号が黄色に変わったら停車する、安全第一の価値観に忠実で、自律的な優良ドライバーの姿そのものです。

以上に基づき、組織文化の第3層の歪みが無意識のうちに行動に影響した原子力事故について、次項で深く考えていきます。

2 東京電力の原子力事故と組織文化

2011年3月、東京電力の原子力発電所で大事故が起きました。最悪の事態に至った経緯への専門的な分析を踏まえた上で、根本原因として「組織文化」の問題が内外から指摘されました。何が問題の核心で、その教訓をどう活かすのか。あらゆる組織事故や企業不祥事の防止のためにも、前項の3層モデルを手がかりに、組織文化変革への着眼点を説明します。

根本原因は組織文化

東京電力の原子力発電所の大事故については、国内外機関による詳細な事故調査の結果、津波や過酷事故に備えるための継続的な安全性向上努力を欠いた「組織文化」が根本原因であり、それも氷山の水面下の深層に隠された思考の枠組みの歪みが問題だった、との有力な複数の指摘がされました。

ところが、事故の社会的影響の大きさや震災と津波の衝撃などの情報の中、時の経過とともに、一番大切な教訓が見過ごされがちです。前章までに紹介した各種の事故や不祥事の本質とも大いに共通しますので、ここで深く掘り下げた説明を試みます。

1 東京電力による原因の分析

東日本大震災において、海抜10mの敷地を超えた津波によって浸水した福島第一原子力発電所の運転中の3プラントが、ほとんどすべての電源を失って制御不能に陥り、冷却できなくなった炉心が溶融し、原子炉を破損させて大量の放射性物質を放出し、広範囲の環境を汚染する大事故を起こしました。

事故の進展や技術的問題については、すでに行われた膨大な解析や原因分析に委ね、本章では根本原因としての組織文化をめぐる論点に焦点を絞ります。

事故の直接原因は、「大津波や過酷事故への事前の備えを欠いたこと」に尽きます。それが、なぜ欠けていたのかという間接要因には、多様な関係者の判断や行動に影響を与えた認識や感情、姿勢、環境など、さまざまな問題が指摘されています。その上で、「どうして未然に防げなかったのか」との問いを立て、根本原因を追究したところ、「**継続的な安全性向上努力を欠く劣化した安全文化**」という、問題のある組織文化に核心が行き着きます。

その点について、組織文化の第3層（無意識のうちに共有される当たり前の考え方）に問題があったことを、「安全対策はやり尽くした、こんなことは起きるはずはないなど、根拠のない安全に対するおごりと過信が浸透していた」との趣旨で東京電力は説明しています。それは、後述するＩＡＥＡなどの分析とも整合的です。〈表7〉

こうした組織文化の問題を東京電力は、『福島原子力事故の総括および原子力安全改革プラン（２０１３年）』で、次のように説明します。

・事故の背後要因に「安全意識」「技術力」「対話力」の不足という、組織の本質的な問題があった。その結果、安全はすでに確立されたものと思い込み、稼働率等を重要な経営課題と認識したことが、事故の根本原因。この構造的な問題を助長する負の連鎖が強固に組織内に定着していたため、事故への備えが不足した。

● ＩＡＥＡ（国際原子力機関）による安全文化の劣化度合い評価基準に照らし、事故以前から劣化兆候（過信、慢心、無視、危険、崩壊の各段階）が顕在化し、安全文化は決して良い状態ではなかったが、「劣化傾向はない」と自己評価し、安全文化の取り組みを改善し向上させる機会を逸してきた。

表7｜原子力事故の根本原因

・何が起きたのか？（結果）

広範囲の放射能汚染

・なぜ、起きたのか？（直接原因）

大津波や過酷事故への事前の備えの欠如

・どうして未然に防げなかったのか？（根本原因）

（組織文化の深層）

継続的な安全性向上努力を欠いた安全文化の劣化

（「対策はやり尽くした、こんなことは起きるはずはない」など、
根拠のない安全に対する「おごりと過信」）

・これからどうすればいいのか？（教訓）

根本原因の是正（=組織文化変革）

- 過去の不祥事の再発防止対策として、「しない風土」「させない仕組み」「言い出す仕組み」により、法令遵守、企業倫理活動、透明性確保等の強化を図ったが、マニュアル至上主義などの風潮を助長し、現状を抜本的に変えて改善に積極的に取り組むことにつながらなかった。

❷ 政府事故調査委員会による指摘（2012年）

政府事故調は、「根拠なき安全神話を前提」、「長時間の全電源喪失は起こらないとの前提」などの表現により、重大な過酷事故への備えを欠いた東京電力の組織文化の深層に歪み（誤った前提）があるとして、劣化した安全文化の状況を、次のように指摘しました。

- 東京電力は、地震・津波で福島第一原発がほぼすべての電源を喪失したことについて想定外であったというが、それは、根拠なき安全神話を前提にして、あえて想定してこなかったから想定外であったというにすぎず、その想定の範囲は極めて限定的なものであった
- 事業者及び規制当局のいずれについても、安全文化が十分に定着しているとは言い難い状況にあった
- 東京電力を含む電力事業者も国も、我が国の原子力発電所では炉心溶融のような深刻な

シビアアクシデントは起こりえないという安全神話にとらわれていたがゆえに、危機を身近で起こり得る現実のものと捉えられなくなっていたことに根源的な問題があると思われる

政府事故調によるこれらの指摘の意味するところは、リスクについて、ある水準で妥協し、それ以上のこと（＝残余のリスク）は「ありえないこと」として考えることを止めてしまい、「**想定外」の言葉に象徴される思考停止**に組織が陥っていたことが問題の核心であることです。

つまり、深く考えることなく「ありえないこと」と片づけてしまう、緊迫感と想像力に欠けたメンタルモデル（考え方の枠組み）が広く共有されていたわけです。

こうした安全に対する判断の根底にあった、組織共通の意識や文化の問題に踏み込まない限り、本質的な解決にはならないのです。

❸ 国会事故調査委員会による指摘（2012年）

国会事故調は、事故は地震と津波による自然災害ではなく、明らかに「人災」と結論づけた上で、背後要因である組織や共通する意識の問題を、次のように指摘しました。

特に、組織文化の第3層に相当する「マインドセット」の問題を指摘しています。

- 自らの行動を正当化し、責任回避を最優先に記録を残さない不透明な組織

- 関係者に共通していたのは、およそ原子力を扱う者に許されない無知と慢心であり、世界の潮流を無視し、国民の安全を最優先とせず、組織の利益を最優先とする組織依存のマインドセット（思いこみ、常識）
- 自律性と責任感が希薄で、官僚的なガバナンス
- シビアアクシデント対策に当たり、既設炉の停止や訴訟上不利になることを経営上のリスクとして捉えた、歪んだリスクマネジメント
- 規制された以上の安全対策を行わず、常により高い安全を目指す姿勢に欠ける

さらに、報告書の英語版の委員長メッセージでは、事故の根本原因は、反射的服従、権威に疑問を呈することへの抵抗、計画に忠実にしたがうことへのこだわり、集団主義、孤立主義などの「日本文化に深く根づいた因習」と説明しました。

調査当時を振り返り、国会事故調の黒川清元委員長は、多くの組織の内部に問題意識を持つ個人はいても、組織内での忖度や同調圧力・集団浅慮（グループシンク）の中で異論が排除され、誰も「おかしい」と声を上げない文化があることを指摘しています。

これらは、全体を俯瞰せず部分最適になりがちな社会力学、問題を先送りにしがちなエリートの責任回避姿勢、年功序列・終身雇用の単線路線を当然とするマインドセットなどの日本の社会構造に由来する、と指摘します。

❹ 民間事故調査委員会による指摘（2012年）

民間事故調は、関係者が安全神話に縛られ、「安全性をより高める」との発言ができない雰囲気が醸成された結果、原子力の安全性維持の仕組みが形骸化したと、次の指摘をしました。

- ヒアリングに応じた関係者（元高官や東京電力元経営陣）は異口同音に、「安全対策が不十分であることとの問題意識は存在したが、自分一人が流れに棹さしてもことは変わらなかったであろう」と述べていた
- 事故が起きることを想定することすら許さない「安全神話」と称される思考の枠組みが徐々に形成され、すべての関係者が「その場の空気を読んで、組織が困ることを発言せず、流れに沿って行動する」態度をとるようになった結果、事故への備えを欠くことになった

さらに、民間事故調の北澤宏一委員長（当時）は、「海外では対策が施されても、日本では100%安全なのだから、それ以上の安全対策を講じる理由は論理的に存在しない、として安全に対する新提案を否定する、安全神話による自縄自縛に陥っていた」と指摘しました。

図10｜IAEAによる事故分析

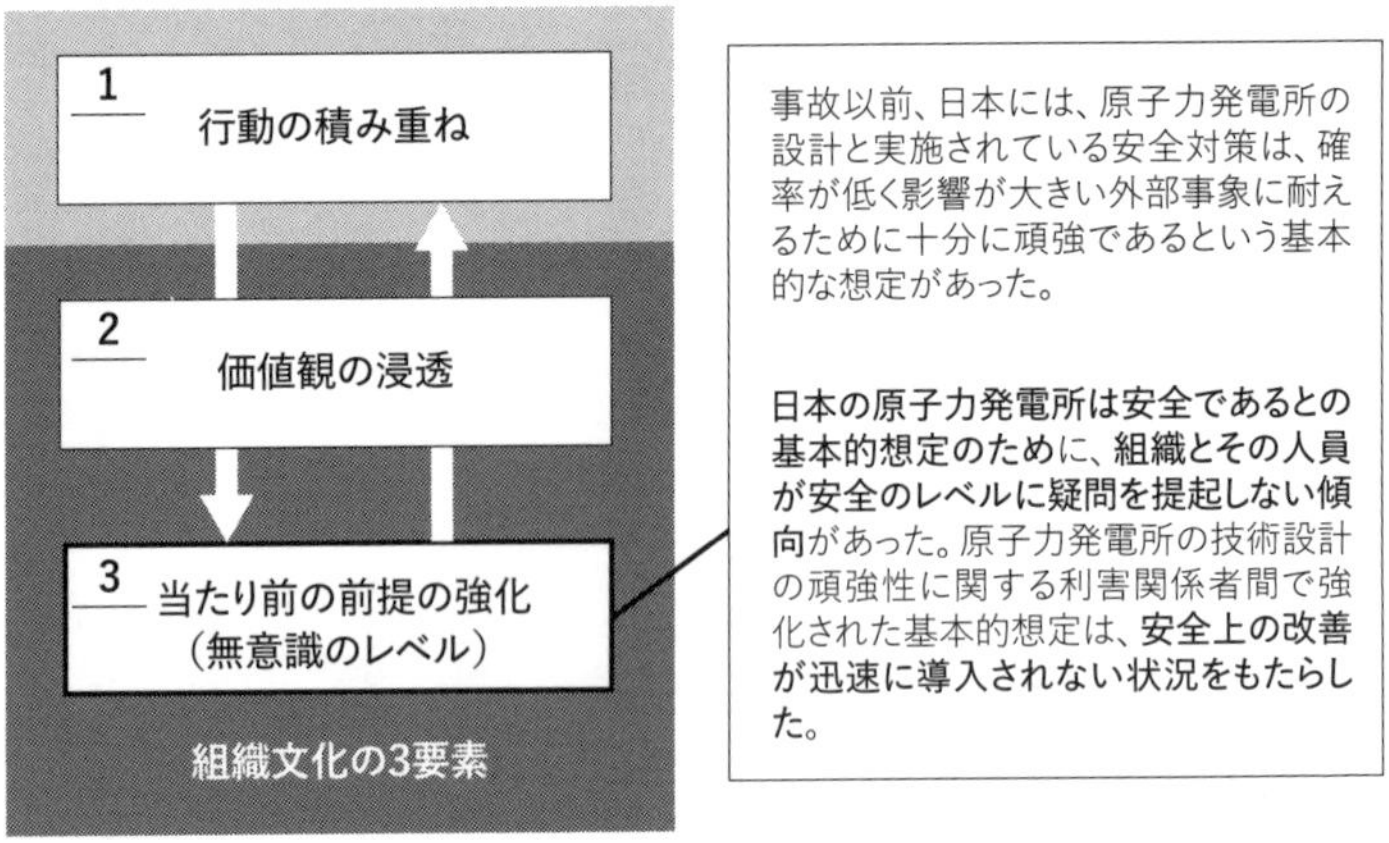

1
行動の積み重ね
2
価値観の浸透
3
当たり前の前提の強化
（無意識のレベル）
組織文化の3要素
事故以前、日本には、原子力発電所の設計と実施されている安全対策は、確率が低く影響が大きい外部事象に耐えるために十分に頑強であるという基本的な想定があった。
日本の原子力発電所は安全であるとの基本的想定のために、組織とその人員が安全のレベルに疑問を提起しない傾向があった。原子力発電所の技術設計の頑強性に関する利害関係者間で強化された基本的想定は、安全上の改善が迅速に導入されない状況をもたらした。

5 3層モデルによるIAEA（国際原子力機関）の指摘（2015年）

IAEAは公表した事故調査報告の中で、組織文化の3層モデルの考え方にしたがい、第3層（当たり前になっているものごとの前提や考え：基本的想定）に根本問題があったことを、以下のように直截的に説明しました。

- 事故以前、日本には、原子力発電所の設計と実施されている安全対策は、確率が低く影響が大きい外部事象に耐えるために十分に頑強であるという基本的な想定があった
- 日本の原子力発電所は安全であるとの基本的想定のために、組織とその人員が安全のレベルに疑問を提起しない傾向があった。原子力発電所の技術設計

の頑強性に関する利害関係者間で強化された基本的想定は、安全上の改善が迅速に導入されない状況をもたらした

これを易しく言い換えると、「事故や津波など起きるわけがない」、「これだけ安全対策を講じているから大丈夫だろう」といった根拠のない思い込みや固定観念、思考停止に組織が陥り、誰も懸念の声を上げなかった、ということです。

その際、IAEAは前述のエドガー・シャイン教授が提唱する組織文化モデルの第3層（当たり前になっているものごとの前提や考え：基本的想定）の考え方について、以下の解説を付記しています。

- 基本的想定は文化の最も深いレベルにある。基本的想定は、非常に当然と考えられ、ある文化グループのほとんどの人々が意識的にではなく受け入れている基本的信条である。いかなる文化も理解するためには、こうした働いている基本的想定を掘り起こすことが必要である
- 組織の場合、基本的想定は、組織の歴史、並びに設立者および組織を成功に導いた主要指導者の価値観、信条および想定も反映する。基本的想定は、議論されたり対立され

たりすることがほとんどなく、変更が極めて難しい。〈図10〉

こうした分析を踏まえ、IAEAは事故の教訓として、「安全文化を推進し強化するためには、個人と組織が原子力安全に関する一般的な想定、および原子力安全に影響する可能性がある決定と行動の意味に絶えず疑問を提起し、再検討する必要がある」と提言しました。

6 OECD/NEA（経済協力開発機構/原子力機関）による国民性と安全文化の関係分析（2024年）

国会事故調報告（前記③）が問題提起をした国民性と組織文化の関係について、OECD/NEAでも分析を行っています（第2部の第2章のコラム参照）。東京電力の事故の根本原因分析に絞ったものではありませんが、大いに関連する知見なので、ご紹介します。

「各組織が属する国の文化の影響下にあることで、組織の文化的特性が現れ、安全文化に重要な影響を及ぼす」ことを発見したOECDは、「国特有の安全文化フォーラム（CSSCF）」を設け、各国の文化の実態や強みと課題、安全文化の育成手段の評価を行っています。

日本については、「同調圧力」「まじめ」「失敗への恐怖」「保守的」「和」「率直に発言しない」「集団主義」「曖昧さ」「思いやり」「年功序列」「お上意識」という11の国民性が最も重要で、これらが組織文化を構成する前提認識や価値観、組織構造、プロセスに影響を及ぼす結果、

表8｜日本人の国民性が組織文化に与える負の影響

国民性
まじめ
保守的
和
率直に発言しない
集団主義
曖昧さ
失敗への恐怖
思いやり
年功序列
お上意識
同調圧力

→

安全文化の次元	組織の行動
責任と アカウンタビリティ	上司の命令と指示、方針、手順、 行動に疑問を投げかけることが難しい。
明確な役割と責任	責任を明確にすることを躊躇する。 ほとんどの意思決定が組織内で トップダウンで下される。
継続的学習と改善	変化するために外部からの圧力が必要。
意思決定	慎重に意思決定を下す。「根回し」。 暗黙裡にでも空気を読んででも、 コンセンサスに至る。 時間のかかる集団での意思決定プロセス。
資源配置 教育訓練 マネジメント	体系的で公式化された形で 訓練管理が実施されていない。
コミュニケーション	曖昧で表面的なコミュニケーション。 議論に参加せず、違った意見を受け入れない。

出典：OECD/NEA『国特有の安全文化フォーラム　日本』より再構成

個人や組織の行動に現れ、安全水準の正・負両面に働く、と評価しました。〈表8〉

特に、「失敗への恐怖」「率直に発言しない」「保守的」など、自信をもって問題を報告することへの妨げになる影響が、安全分野に限らず広く認められました。

また、リスク回避の姿勢が深く日本社会に根を張り、多くの人が極めて保守的に考え、何らかの変化を起こすために外部圧力を求める傾向があります。その結果、先見的に継続的改善を図り進歩し続け学び続けることが目指すべき目標として見られず、従来のやり方を続けることが優先される、と評価しました。

OECDは、「国の文化が安全文化に及ぼす影響に向き合うことは、両文化のルーツとなる基底を疑問視し、変えていくことを意味する」と、国や組織の文化が当たり前とする前提（文化の第3層）からの変革を求めます。

そのため、組織内でのタテ・ヨコの有意義な対話と議論を促し、価値観よりも変革の実践に重きを置き、組織全体の価値観と戦略的方向性を順守すべき、と提言します。

3 根っこにあった失敗の本質

前項では、各調査報告が認定した問題を、まず事実として示しました。その上で本項では、問題とされた組織文化の深層にある無意識の考え方が、知らないうちに一人ひとりの行動に影響を与え続けることによる弊害を、踏み込んで解説します。

1 理念と実際の行動の「言行一致」を貫くには

大事故を起こした東京電力は「安全最優先」を理念に掲げながら、実際には一人ひとりが安全性向上に継続的に努力することを妨げる影響力が組織文化の深層から働いた結果、安全最優先の行動が徹底されていませんでした。その反省の上で、いかにあるべきかを考えます。

1 組織文化の第3層の歪み

これまでに記したように、各機関が根本原因として指摘する東京電力の組織文化の主な問題とは、次の通りです。

- 安全はすでに確立されたものとの「**思い込み**」。おごりと過信（東京電力）
- 根拠なき安全神話を「**前提**」（政府事故調）
- 国民の安全を最優先とせず、組織の利益を最優先とする組織依存の「**マインドセット**」（国会事故調）
- 事故が起きることの想定すら許さない安全神話という「**思考の枠組み**」（民間事故調）
- 日本の原子力発電所は安全であるとの「**基本的想定**」（IAEA）

思い込みやマインドセットなど、それぞれ表現の仕方が若干異なりますが、「　」内に記された「眼鏡のレンズ」とも言える、組織文化の3層モデルにおける第3層の「当たり前になっているものごとの前提や考え方」が歪んでいた、との認識で一致します。

これらをふまえて日本政府は、「事故は起こりえないという安全神話に陥り、規制要求を満たすことに満足して、さらなる安全の確保を追求する意識が欠如していたことが最大の教訓」になると総括しました。

この「原子力事故は起きないだろう」との歪んだ考え方による失敗は、太平洋戦争中、「米国機動部隊の出動はないだろう」と慢心した結果、圧倒的優位にあった日本艦隊が壊滅的な大敗を喫したミッドウェー海戦を彷彿とさせます。

海戦に参加した淵田美津雄中佐は、作戦失敗の根本原因は、「合理性を欠く、行き当たりばったり、セクショナリズムで視野が狭い、独善的、因習から容易に抜け出せない、すぐ思い上がって相手を見下げる、希望と現実を混同してことに臨む」といった「国民性」の問題、と指摘しました。

80年前の教訓であったこれらの日本的な悪しき意識・行動様式が、原子力事故を招いた歪んだ組織文化の深層に今なお染みつき、失敗を繰り返させることに気づかされます。

同様に、目の前の事態を直視せず、ものごとを深く考えず、予想される現実への想像力が働かないのは、西欧流に論理や科学的態度に基づいた現実的解決（危険性の管理・安全）を図るよりも、安心などの心理的解決（見立てや思い込み）にすりかえる伝統的な日本人の心性（日本文化）に根ざしたもの、と見る比較文化学者の新形信和愛知大学名誉教授による指摘もあります。

❷「言行不一致」「本音と建て前の乖離」が問題の本質

これらの組織文化の深層に浸透した無意識レベルでの歪みに対する指摘を踏まえた上で、「安全最優先を経営ビジョンに掲げていた同社が、なぜ事故を防げなかったのか」との問いを立て、さらに考えを深めたいと思います。

組織文化の3層モデルによって問題を単純化すると、次のような構図になります。

- 第1層（行動）　継続的な安全性向上努力の怠り
- 第2層（価値観）　安全最優先の経営ビジョン
- 第3層（当たり前の考え方）　安全はすでに確立したとの思い込み、国民の安全よりも自社の利益を重視　など

つまり、事故を招いた直接原因である「事前の備えを欠いたこと」は、安全最優先が徹底されず、継続的な安全性向上努力を欠く第1層の「行動」に問題があったことを示します。第2層の「安全最優先」の理念と、第1層の現実の行動との間に、乖離（＝言行不一致）があったのです。

図11｜組織文化変革には、より深いレベルでの問題把握が必要

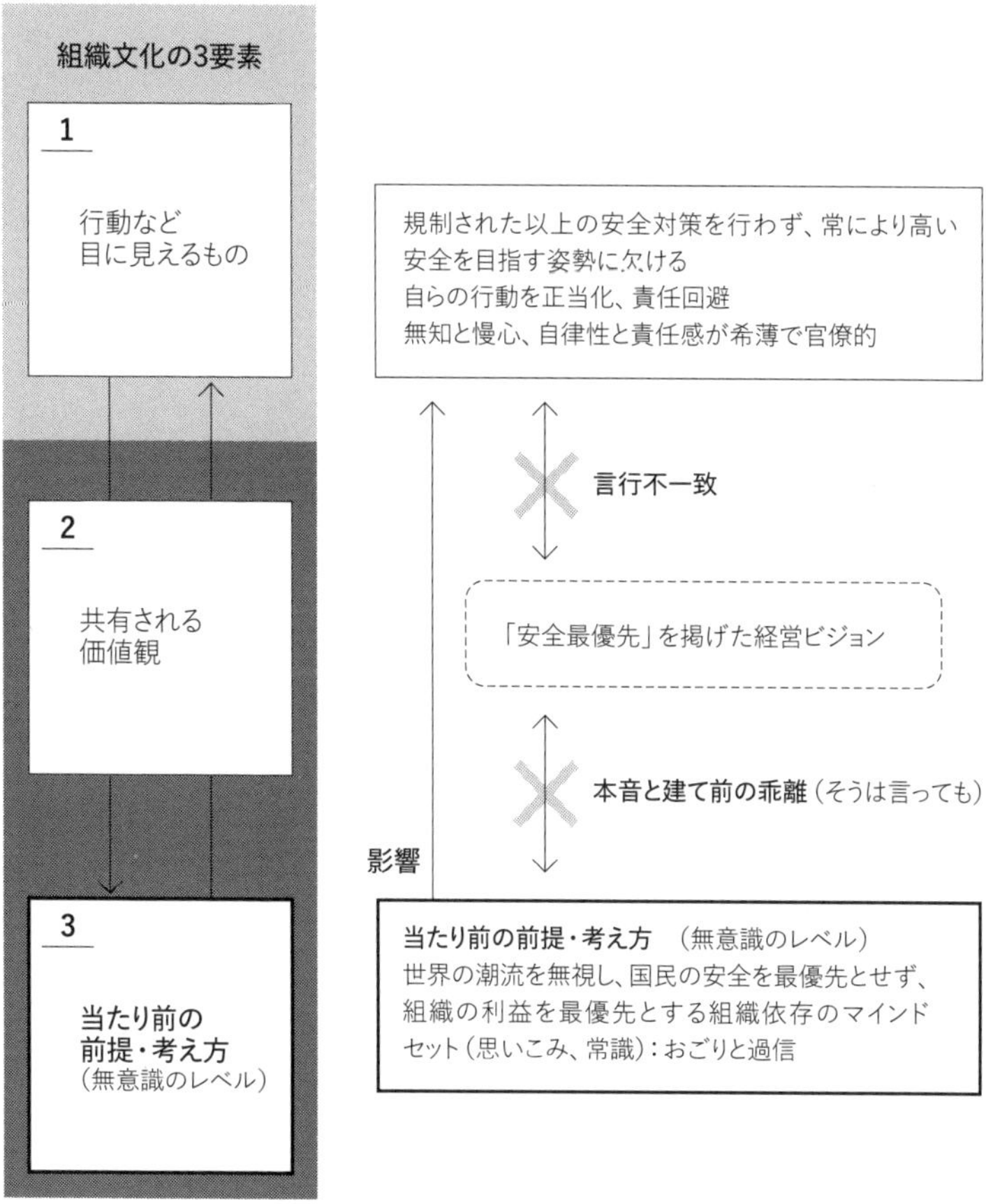

また、そうした第1層の行動は、第2層の理念にではなく、第3層の「当たり前の考え方」**によってコントロールされています。これが「失敗の本質」です。**

しかも、第2層の建て前と第3層の本音とが分裂していながら、「安全最優先との建て前はその通りだが、〝そうは言っても〟、現実の経営や現場では本音はこう」と、本音が優先される構図になっています。〈図11〉

2 では、どうすればいいのか

「そうは言っても」「わかってはいるが」と、理念と行動が乖離し、閉じた組織の中で本音と建て前の二枚舌を許す甘さが、伝統的に日本社会全般に浸透した文化にあるのも事実です。それに加えて、タテ社会の中では、自身の考えを曲げ、過度に組織や上位者の意思を忖度する習慣もあります。

そもそも、自分自身、二枚舌を使い分け、「常に安全最優先が理想だが、時間や予算などのさまざまな制約の中では、時として経済性などを優先させるのもやむをえない」などと、本音と建て前が乖離することを正当化する考え方が習慣的に当たり前になり、もはや、それが歪んでいることにも気づきません。

しかし、そうした現状を、「日本人だから、営利企業だから、それはしかたない」と片付けるわけにはいきません。ここに露呈した問題の本質は、まったく看過できないものです。

本音と建て前が常に一致し、建て前通りに正しい行動が行なわれれば、事故が起こるわけがありません。逆に、**たとえ小さな逸脱でも、組織の中で日常化して積み重なると、あるきっかけで壊滅的被害に発展する、**起こるべくして起こる組織事故を招くのです。

本章で取り上げている安全問題に限らず、前章で取り上げた顧客第一や法令遵守との基本理念やルール遵守から乖離し、不祥事を起こした組織でも、同様に理念と行動が不一致となる組織文化の問題で共通します。

そうした社会や組織の中で、一人ひとりが自律性を発揮し、正しいことが正しく行われるには、どうしたらよいのでしょうか。

❶「言行一致」「本音と建て前の一致」を図る

この言行不一致の問題は、いくら正しい経営理念や行動規範を共有していても、さらに深層にある「無意識のうちに当たり前になっている考え方」が歪んでいると、それが一人ひとりの行動に影響を与え続け、根本的な解決にならないことを意味します。

図12｜文化の深層から正しい意識と行動で言行一致したあり方

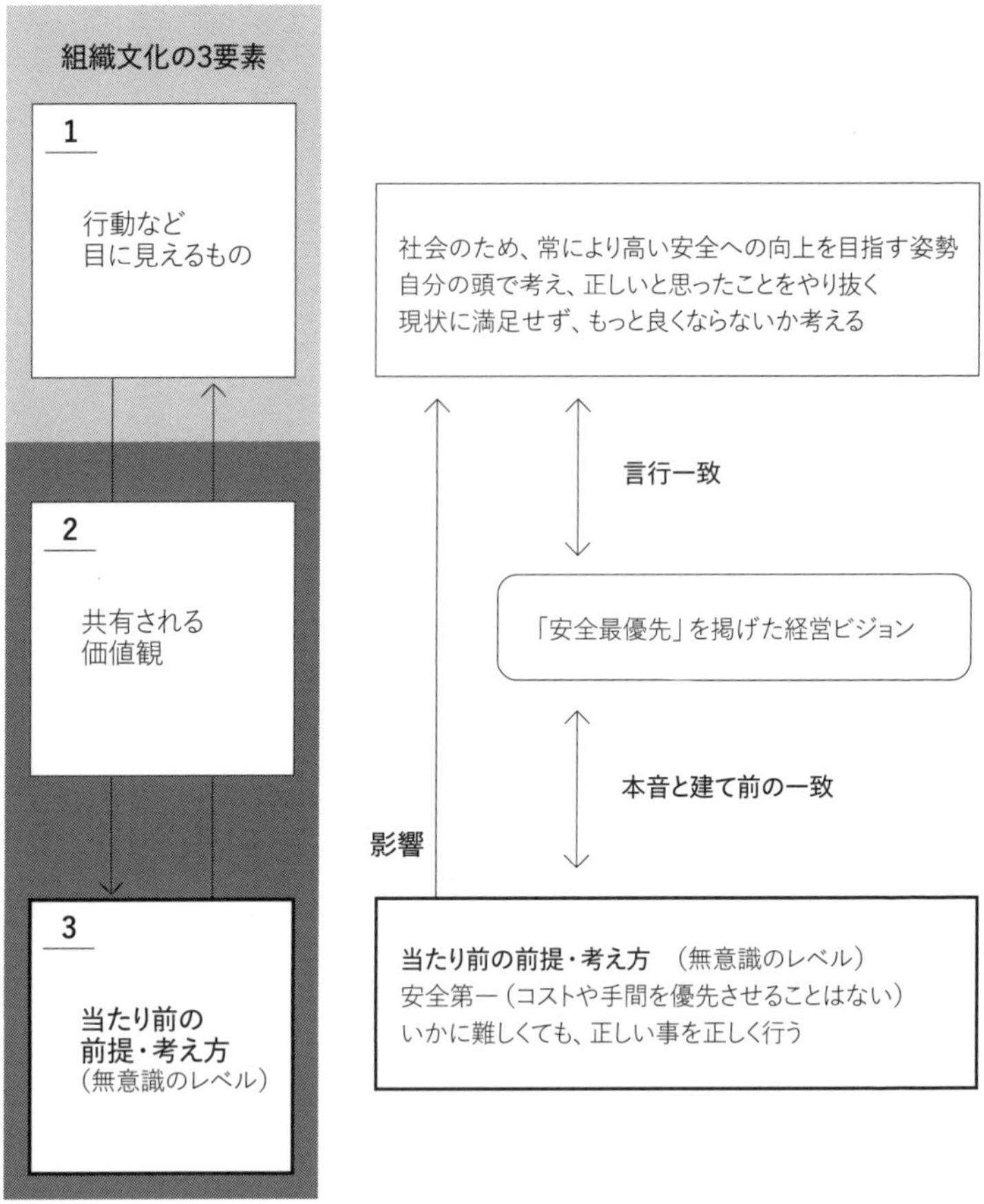

逆に言えば、理念を無意識の考え方まで浸透させ、行動習慣化すること、すなわち「言行一致」や「本音と建て前の一致」を図ることが、解決策になることを意味します。〈図12〉

言い換えれば、**一人ひとりの意識を組織の理念や価値観に則したものに変革し、それに基づいて行動変容**（＝正しい行動習慣の定着）**を図る**ことです。

単に頭でわかったつもりになるのではなく、深く心にしみ込ませ、その確固たる軸にしたがって正しく判断し、黄色信号では無意識に立ち止まるくらいに自然と体が動くようにすることです（意識・行動変容については、第2部の第2章で解説します）。

この**一人ひとりの意識変容と行動変容が、組織文化変革の目指すところ**です。

2 一人ひとりの意識変容と行動変容

では、どうやって、一人ひとりの意識変容と行動変容を起こすのか？

それぞれの言行を一致させるのか？

そのためには、まず、一人ひとりが自分の意識の歪みを自覚し、このままではいけないと**の問題意識をもち、自らの当たり前の前提について、「本当にこれで良いのだろうか」と問い直す**ことから始めなければなりません。

事故前の東京電力の大きな問題の一つは、絶対安全がありえないのにもかかわらず、「原子力発電所が事故を起こすことはありえない」との安全神話（思い込み、思考停止、過信）が、知らぬ間に一人ひとりの意識に浸透してしまい、直視すべき津波や過酷事故による危険性を「想定外」とし、目を背けていたことでした。

しかも、「安全対策が不十分との問題意識はあったが、自分一人が流れに棹さしてもことは変わらなかったであろう」（前述の民間事故調による関係者ヒアリング）と、同調圧力に屈し、気づいても自ら声を上げることを諦め、「そうは言っても」と逸脱を正当化（前章を参照）してしまう思考パターンにありました。

こうした問題を克服するには、「空気を読まなければいけない」という圧力を自分で自分にかける**同調圧力を断ち切り、自分自身の頭で考える「独立した個人」になること**、と黒川清・国会事故調元委員長は指摘します。

同様に、「自分の目で見て自分の頭で考え、判断・行動することが重要」との所感を、畑村洋太郎・政府事故調元委員長も報告書で特筆しています。一種のクリティカル・シンキングの奨励です。

また、原子力規制委員会が制定した『健全な安全文化の育成と維持に係るガイド』（2019

年）では、組織文化の第2層・第3層とも言うべき、人の行動などに影響を与える価値観や無意識を「姿勢」と表現した上で、**「自分は正しいことを行っているか」、「自分たちの前提は正しいのか」と考え、少しでも疑問があれば立ち止まって考えたり支援を求める「常に問いかける姿勢」の定着**を求めます。

このように、意識の歪みを克服するためには、常に現状に満足せず、前提から疑い、自らに問い、仲間にも問いかけ、自分の頭で考え、正しいと思ったら勇気をもって主体的に行動する力を高めること、すなわち「自律性」の発揮こそが一人ひとりに強く求められるのです。

組織文化の第3層（無意識のうちに共有される当たり前の考え方）の歪みがもたらす好ましくない行動の構図は、本件のような組織事故に限らず、前章で紹介した企業不祥事にも同様に当てはまります。

組織では、常に採用・退職を繰り返し、人材の新陳代謝が行われます。しかし、朱に交われば赤くなるとの言葉通りに、意欲と社会常識をもって入社した無垢の新入社員も、数年も経たないうちに、組織共通の無意識の当たり前の考え方に染まってしまいます。

その解決策として、言行一致の習慣化や当たり前の前提を疑う一人ひとりの姿勢が、組織文化として求められることになります。

しかしながら、これらのことは、当たり前でありながら、非常に難しいことだというのもおわかりいただけるでしょう。第2部で、その困難を乗り越え、個人の意識変容・行動変容を起こし、組織文化を望ましいものに再生させていく実践的な方法を、わたしの10年間の試行錯誤に基づき、ご紹介します。

VIEW POINT SPECIAL

東京電力・福島第一原子力発電所事故の教訓

人、技術、制度、環境、組織など、さまざまな要因が関係する複雑な巨大事故について、事前の備えを欠いたことの根本原因と教訓を中心に、前項の説明を補足します。

事故の概要

２０１１年3月１１日(金)１４時４６分、太平洋の東日本本沖の広範囲を震源とするM９・０の巨大地震が発生、約1時間後に各地に巨大津波が襲来し、甚大な被害をもたらしました。福島第一原子力発電所には、１５ｍの津波が敷地(海抜１０ｍ)を超えて浸入したため、発電所建屋の地下などにあった電気室が水没し、機器の操作に必要な交流・直流の電気が、ごく僅かな蓄電池を除いて、すべて失われ、原子炉が制御できなくなる極めて深刻な事態に陥りました。

地震発生直後に緊急停止に成功した1~3号機は、電源喪失後、原子炉を冷やすことがほとんどできなくなり、炉心溶融の末、外部の環境に大量の放射性物質を放出しました。

その結果、最大16万人もの周辺住民のみなさんに不自由な避難生活を強いるとともに、未だに放射能レベルが高く、帰還できない地域があるという現実にあります。

原因の本質

事故は津波が原因、と思いがちですが、津波はリスクを引き起こす要因（ハザード）の一つであって、この場合、コントロールすべきだったリスクとは、放射能汚染によって人身や環境に被害が及ぶことでした。

こうした被害を食い止めるには、万が一に備えた避難計画があり、放射性物質を放出しないよう過酷事故（シビアアクシデント：想定される安全設計を大幅に超え、炉心の燃料に重大な損傷を与える事象）への対策が講じられ、発電所が機能停止しないよう全電源喪失に対する対策も適切に講じられていることなどが必要でした。

ところが、こうした深層防護の第4層（過酷事故への備え）や第5層（原子力緊急事態における防護措置）が十分備えられていなかったため、事故拡大を防げませんでした。

しかも、たとえ津波に備えた長大な防潮堤を事前に建設することが困難だったとしても、建屋の水密化なり、電源設備の多重化や、冷却機能の確保、緊急時対応の充実など、被害の拡大防止のために深層防護の第1層から第3層として、当時の技術水準で現実的にできることは、まだまだたくさんありました。ところが、それらが事前に講じられておらず、スイスチーズモデル（序章）のとおり、第1層から第5層に至る各防護壁に開いた穴をくぐり抜け、連鎖的に拡大する大事故に至りました。

関係者が多数いながら、こうした防護壁のたくさんの穴になぜ気づかなかったのでしょうか。

なぜ、事前対策が十分講じられなかったのか

今回の事故で生じたような、原子力発電所の津波や洪水による浸水や、全電源喪失、過酷事故などは極めて稀な事象ですが、全く想像が及ばなかったわけではありませんでした。実際、海外諸国では類似する事象や9・11テロなどが発生し、それに備えた対策を講じる例もあり、事故以前に、そうした事象に関する検討や国会などの場での議論が行われたこともありました。

しかし、そうした内外の情報に感度高く反応して最先端の知見を進んで取り入れる積極的な姿勢ではなく、逆に「これだけ対策を講じているのだから、もう十分安全である」、「日本では過酷事故が起こるはずがない」といった、安全に対する根拠のないおごりと過信（いわゆる安全神話）が関係者の間にまん延していました。これが大きな組織要因の一つになります。

このことについて、政府事故調査委員会の最終報告にあたって、同委員会の委員長を務めた畑村洋太郎教授は、「長時間の全電源喪失は起こらないとの前提の下にすべてが構築・運営されていたことに尽きる」と問題の核心を端的に指摘するとともに、「**見たくないものは見えない」人間の偏ったものの見方**（メンタルモデル：思考の枠組み、前提）の弊害に警鐘を鳴らしました。

政府や国会に設けられた事故調査委員会が聴取した、関係者の証言記録が公開されています。「今回のように、複数のプラントが同時に自然災害によって損傷したり機能喪失するような事態が起きるとは思ってなかったし、そのような事態を想定する必要性も、正直感じていなかった」との固定観念に囚われていた証言を読むと、さらなる安全対策が重ねられなかった背景に、前記のメンタルモデルが強固に作用していたことが確認できます。

事故後、技術的な検証の上、過酷事故対策や自然災害に対する備えを強化した新規制基準が導入され、発電所建屋の水密化やフィルターベントなどのシステムも強化されたことをご存知の方も多いと思います。逆に言えば、これらが震災前にきちんと行われていれば、こうした事態を招かずに済んだわけです。

つまり、法による規制で求められなくても、こうした取り組みの必要性を感じたり、考えたりすることが、なぜ、事故前にできなかったのか。何が東京電力という組織とその一人ひとりに足りなかったのか。このことを問い続ける必要があります。

胸に刻む教訓

どんなリスクでも、それをゼロにすることは不可能です。そこで、リスクが存在するという不都合な真実に正面から向き合い、いかにしてそれを減らし続けていくか。すなわち、「昨日よりも今日、今日よりも明日」と常により高い安全水準を目指して、組織とその一人ひとりが終わりなき向上努力を決して怠ってはいけない、ということが、最大の教訓です。

事故前の東京電力は、「千年に1回の大津波だから、それが明日来ることはないだろう」、「全電源喪失や過酷事故が、日本では起きるはずがないだろう」、「これだけ安全対策を重ねているのだから、大丈夫だろう」という都合のよい思い込みや思考停止、現状維持に陥っていました。

むしろ、そうした自己中心的な正当化理由のロジックのおかしさに自ら気づき、万が一の事故の際に被害を受ける周囲の住民のみなさまの立場に立って、「これで本当に大丈夫だろうか」「万一、津波が来たらどうしようか」と、考えをめぐらせるべきでした。

現状に決して満足せず、前提を疑い、謙虚に考え、正しいと思ったら声を上げ、困難があっても果敢に行動に移す姿勢の積み上げが、建設当時から事故に至るまでの歴代の経営層からわたしも含む現場の社員一人ひとりまで、必要でした。本当に悔やまれてなりません。

一人ひとりがいかにあるべきか

先例が乏しく、不確実性の大きい課題に接した場合、常に正しい思考と行動ができるかどうかは、確かに難問です。いわば、はじめて通る道で、信号がなく交通量がほとんどない交差点に差しかかったときに、常にきちんと一時停止して万全の安全確認を尽くせるか、という問題です。

もし、自分が当事者だったとしても、同様の間違いを犯さないとは決して言い切れない、と考える方もいるかもしれません。そもそも、この事故は関係する当該部門の専門家や一部の経営者の判断に問題があったもので、同社の組織文化全般に話を広げることに、違和感をもたれるかもしれません。

しかし、ここで考えたいことは、「大事故を踏まえて、これからどうあるべきか」です。事故を未然に防げなかったメカニズムを検証し、今後、その教訓を一人ひとりが積極的に活かすにはどうすればよいか、ということです。

序章で紹介したスペースシャトルの空中分解事故と比べ、この原子力事故が極めて特殊なものかどうか、立ち止まって考えなければなりません。組織文化のレンズを通したわたしの目には、両者の間に本質的な差は認められません。

もちろん、組織として負うべき責任を果たし抜くことはもとより、課題として特定された技術や設備などの問題を改善し解決することは、当然、必要です。そして、より重要なことは、関係者に限らず、あらゆる課題に対する一人ひとりの基本姿勢（マインドセット）をより良く高めていくことです。

そうした考えにより、東京電力に揺るぎない安全文化を築くことを目標に掲げ、本音の対話を通じて一人ひとりの意識と行動の主体的な変化を促すこと、すなわち組織文化の変革に筆者らは取り組んだのです。

新たな組織文化づくりへの思い

そこでわたしたちが期待したことは、「難しいから、できないのもしかたない」などと逸脱を正当化し、楽をしたがる思考のくせを捨て、「いかに難しくても、正しいことを正しく行う」という、人としての真摯で誠実な生き方を貫くことでした。

決してそれは精神論ではなく、実際に一人ひとりが自分の頭で考え、正しい判断を行い、それにしたがって具体的に行動することです。

不安や疑問があれば周囲に対して「それで本当に大丈夫ですか」と率直に懸念の声を上げることです。

自ら出る杭が集まって、はじめて自律的な組織になります。

そのとき、ベースに問われるのは、個人や組織が白地の問題に対して、何を判断基準にして行動するかです。これは、理性だけではなく、メンタルモデルや組織文化の第3層（無意識のうちに当たり前になっている考え方）がどう働くかという、本章で再三、論じてきた問題です。

たとえば、安全最優先との理念を共有しながら、「そうは言っても」と無意識の本音では困難な課題への判断を先送りし、不確実性を理由に目先の経済性を優先するような心の隙を許してはいけないのです。安全かコストかと二者択一の天秤にかけるのではなく、両者を同時追求し、それでも迷ったら、何よりも大切な「人」を守る安全側に少しでも傾くように最後まで努力を諦めない、といったぶれない軸（インテグリティ：前章のコラム②参照）の確立が必要です。

良心とも人格とも言うべき「人」としてのその軸は、組織の中にいても、外にいても、決して変わらないはずです。

組織は人を成長させ、また人は組織をみがく存在でなければなりません。命の危険を顧みず、自ら発電所に踏みとどまって事故を収束させたのも人であり、いかに技術が進歩しても、それを扱うのは人の心です。

事業を通じて社会に貢献するという、あらゆる組織の存在意義は、事業の性格に差はあれども、何ら変わりません。日常の繰り返しの中で、そうした使命感や目的意識を知らず知らずのうちに劣化させぬよう、原点に立ち戻り、しっかりとした組織文化の構築が重要であることについて、理解が深まることを願っています。

第2部

組織文化変革　実践編

第2部では、実際に組織文化変革に取り組もうという方のために、各職場での実践内容、実際の改革成功例を解説します。大きな組織はもちろん、小さなグループであっても、起こるメカニズムは同じです。

個々人ができることもたくさんあります。というよりも、実際のところ、組織文化変革とは、一人ひとりの意識と行動の変容によってなされるものです。

筆者が、自社の安全文化の再構築を目指して、ゼロから手づくりし、試行錯誤の中で手応えを得た経験・発見や、さまざまな文献から得た知恵を選りすぐり、ご伝授します。

第1章

変革のステップ1 組織文化を知る

「何を」「何に」「どうやって」変えるか

組織共通の本質的問題の解決を目指して組織文化を変えるには、目に見える現象を手がかりに、ありたい理想とのギャップを認識し、課題の真因を「なぜ、なぜ」と深く探究し、核心に働きかける取り組みを考えることが重要です。

1　変革の全体をデザインする

最初は、計画づくりです。ＰＤＣＡを回し、継続的に取り組みが進むよう、組織文化の変革とはどのようなものか、全体像を確認します。

まずは、準備

もし、みなさんが「組織文化を変える」ための事務局を命じられたら、どうしますか？そこまでには至らずとも、職場メンバーの意識や行動を変える場合には、どうしますか？

「とても大事な問題だから、ぜひ取り組みたい」と思ったり、逆に「どこから取り組めばよいのか」「時間も手間もかかる上に、成果が挙がるか不安」と途方にくれたりするかもしれません。でも、大丈夫です。

旅には、地図が必要です。病気の治療なら、適切な診断と治療方針（目標）の確立が大前提です。一人ひとりの意識と行動を変える「組織文化の変革」も、同じことです。

「組織文化」の特質を踏まえて、どのような変革の進め方が効果的か、全体像を概観していきます。詳細は、これからの3つの章で説明しますので、まずは大ざっぱなイメージをつかんでください。

結論として、組織文化の構築や変革の本質を一口に言えば、

「一人ひとりのベクトルを揃え、共通目標に向かって全員が向上努力をするよう促すこと」

です。〈図13〉

組織文化の特質①　意識できないくらい「当たり前になっている思考・行動様式」

組織の中で共通する考えや行動は、特段、意識されずに日常で反復され、その結果、習慣となった考えや行動が無意識のうちに、各人の意識や行動に影響し続けます。

その考え方が望ましいものでなければ、目的から逸脱し、一人ひとりの主体性が劣化し、風通しが悪くなるなど、組織の構造的な課題を生みます。

図13｜組織文化変革の全体構図

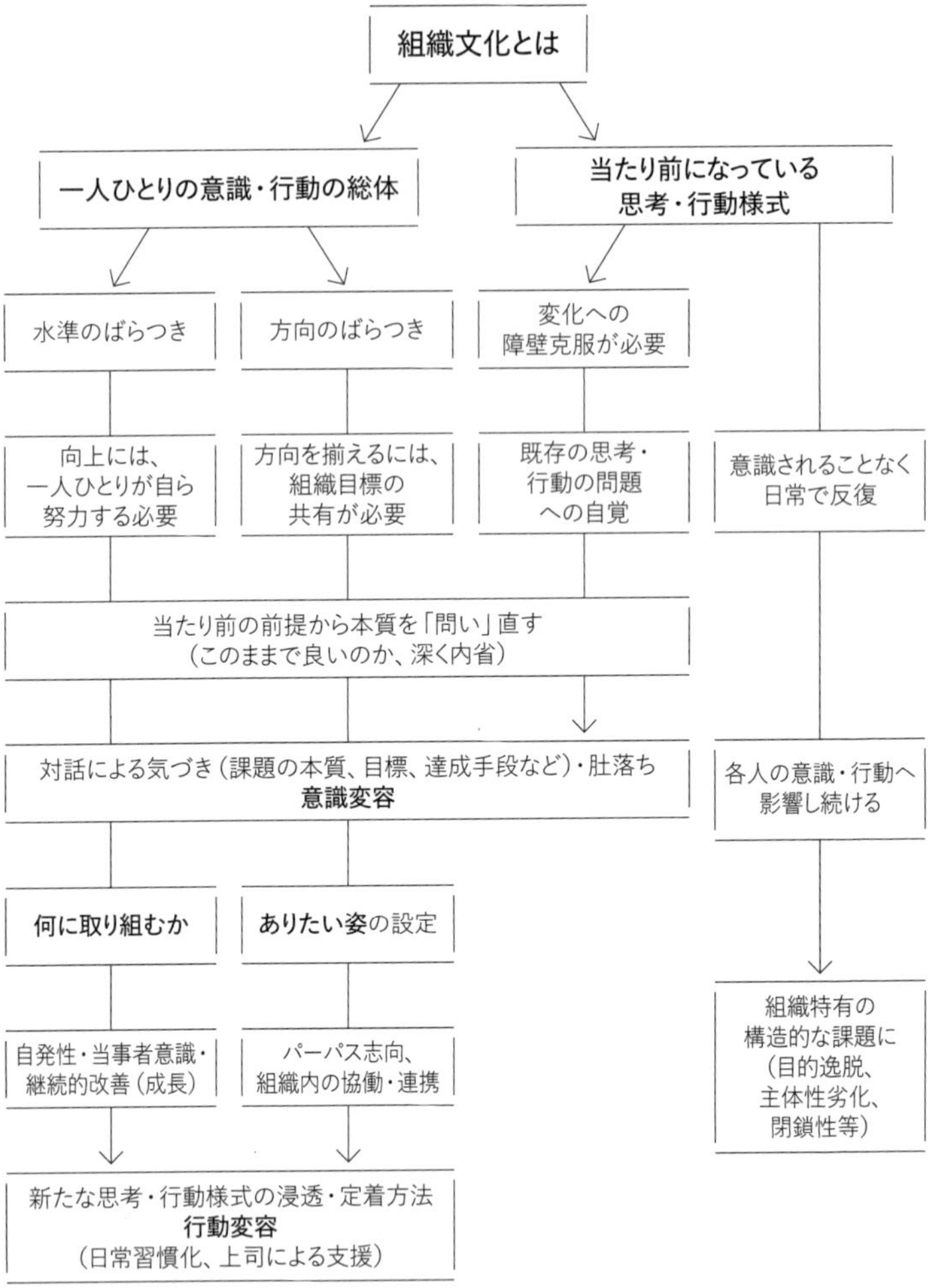

組織文化の特質② 一人ひとりの意識・行動の総体

組織文化は一人ひとりの意識と行動の集まりなので、当然、各人の意識や行動の水準や方向性に、ばらつきがあります。

そうした一人ひとりの水準を高めるには、教育や訓練など外からの働きかけだけでは、一時的な効果はあっても持続的ではありません。むしろ、自信や誇りなどの内発的動機に働きかけ、自らを高める努力を続ける姿勢を促すことが望まれます。

さらに、意識と行動が向かう方向を、共有される組織目標に揃える必要があります。

変革① 意識変容

意識しないほどに当たり前になっている思考・行動様式は、一人ひとりが進んで変えることに抵抗があります。その抵抗を乗り越えて新たな考え方を得る「意識変容」を行うには、今の考え方や行動に問題があることを、自ら理解しなければなりません。

そこで、「はたしてこのままでいいのだろうか」と、当たり前の前提から問い直します。その際、他者との対話を通じることで、課題の本質や目的、達成手段について、気づきを得、肚落ちがしやすくなります。

変革② 行動変容

変化した先で自分や組織がどう「ありたいのか」、目指す目標を明確にします。究極の目標はパーパスになります。その実現のために取り組むことは、自発性や当事者意識の向上、継続的改善を図り、成長し続けること、などが考えられます。

目標実現に取り組み続ける、こうした新たな思考・行動様式が組織文化になるには、当たり前の習慣にしっかりと定着する「行動変容」を果たします。そのため、日常の中で着実に実践を重ねるよう、一人ひとりの取り組みを励まし支援し続ける、上司、リーダーのあり方がカギになります。

2 ビジョンを描く
「何を」「何に」「どうやって」変えるか

病気には、適切な診断と治療方針（目標）、継続的な治療が必要なように、生活習慣病とも言える組織文化の問題を解決するには、まず、「ありたい姿」と「現状」を言語化して、そのギャップを埋める戦略を考えます。「何を」、「何に」、「どうやって」変えるか、です。

（A）「何を」変えるか

変える対象とは、「現状」です。問題がある、まだまだ向上余地のある現状という、スタート地点を明確にします。

（B）「何に」変えるか

変えることは、それ自体が目的ではなくて、手段です。変革することで、どのような状態

図14｜何を、何に、どうやって変えるか

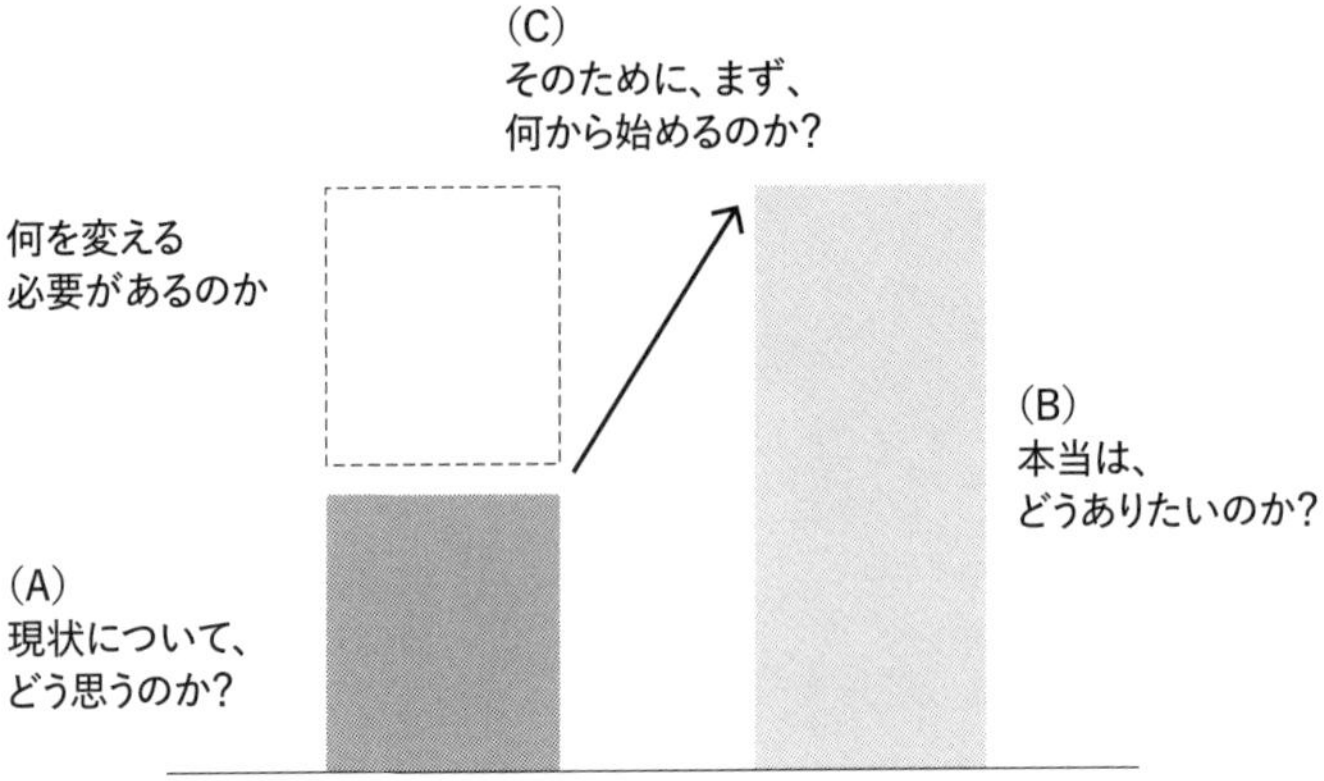

になりたいのか、希望を込めた「理想の目標（ありたい姿）」、いわばゴールを定めます。

（C）「どうやって」変えるか

前記のように、現状と目標（ありたい姿）を対比することで、すぐには埋められないギャップに気づきます。その上で、ゴールを目指して、具体的にどう取り組むか、「解決手段」を考えます。

このように、じつは、とてもシンプルな話です。これは、対話を通じて課題を明確に自覚し、目標達成を妨げる心理的な壁を除き、クライアントの主体的成長を支援するコーチングで活用されるロジックでもあります。〈図14〉

ここで何よりも大切なことは、患者が病状や原因を自覚し、「このままではいけない」との正しい問題意識（危機感）をもち、「良くなろう」と進んで努力を続けることです。
この3つのステップを、これから細かく説明していきます。

エクササイズ

ご自身の組織文化の現状課題、目標、解決手段の3つについて、思いつくままに〈図14〉のボックスの中に記入してみてください。

VIEW POINT 5
理想と現実のギャップ

前項では、コーチングにならって「ありたい姿」と「現状」のギャップを考える方法を紹介しました。実は、わたしも最初からこのように整理できていたわけではなく、意識改革や対話方法を模索する中で、この枠組みの活用に気づいた、というのが正直なところです。

震災からはや数年後より、「風化」の文字が新聞紙面に散見され始めました。辛いことを忘れたい方や関心が薄れる方がいたとしても、加害企業の一員であるわたしたちには、それは、あってはならないとの危機感を持ちました。

そのとき、「風化」の意味を、時の経過に伴う忘却、と狭く捉えてはよくない気がしました。さらに、事故の事実や教訓を社員全員が正しく理解し、日々の行動に移しているか、まだまだ心許ない部分もありました。

そこで、風化とは何か、本当に取り組むべきことは何か、きちんと定義したいと、自分なりに考えました。

人それぞれ、仕事や経験、知識、考え方もさまざまな上、今後、事故を知らない世代も増えていきます。そうした多様性や時間の経過にも応える考え方はないか、模索の末に次の結論に至りました。

仮に、「望ましい意識と行動ができる理想的な人間像」があり、その対極に風化の影響も含めた「意識・行動水準がまちまちな現状」があるならば、埋めるべき理想と現状のギャップが、風化を含め、一人ひとりが常に向き合い続ける課題ではないかと考えました。

そこで、安全や責任完遂への社員の意識と行動のベクトルを揃える意識・行動変容の取り組みとして、史料のアーカイブ化や全社員研修を構想しました。その際、「二度と事故を起こさないため、一人ひとりがいかにあるべきか」との問題意識を社員のみなさんに一貫して投げかけ続け、自らの胸に問い直してもらいました。


どんなときも人の幸せを最優先させる理想的な人と組織の「ありたい姿」を、それぞれ自分の言葉で具体的に描き、事故を起こしてしまった現状の問題と向き合い、そのギャップをどう克服するのか、対話を繰り返しました。そこでは、ギャップが生まれる真因をどれだけ掘り下げて考えるかによって、対話の成果が大きく変わることがとても印象的でした。

「汝いずこより来りて、いずこに向かう者ぞ」とは、帰るべき故郷を失い、世界中に散った人々が内省し、拠り所とするユダヤ教の経典の一節です。

振り返ると、すべての日常を覆したあの事故がなければ、あれほど必死に一人ひとりが、今を生きる意味や、永遠に「ありたい姿」を考えることはなかったのだろうと思います。

これまでの拠りどころが粉々に砕け、長いトンネルの闇の中、新たに信じるべき確かなものを、車座になって一人ひとりの胸の底に探し求めた過程は、究極の意識変容だったように思います。わたしが見出した風化の対極が、組織文化構築であったわけです。

3 「何を」変えるか

「問題をうまく表現できれば、問題は半ば解決されている」と言われます。組織文化は、人の行動、思考、心理、人間関係などが関係し、目に見えない無意識の領域まで及ぶ問題です。目に見える表層に気をとられた対症療法にならないためにも、理想とはギャップのある現状に向き合い、組織に共通する本質的な問題の掘り起こしを行うことが重要です。

1 現状の課題を深く考える

「風通しの悪い職場」の場合

前項のエクササイズで、「ご自身の組織文化の現状課題、目標、解決手段」について考え、現状と目標のギャップを整理していただきました。〈図15〉

図15｜解決すべき課題の特定

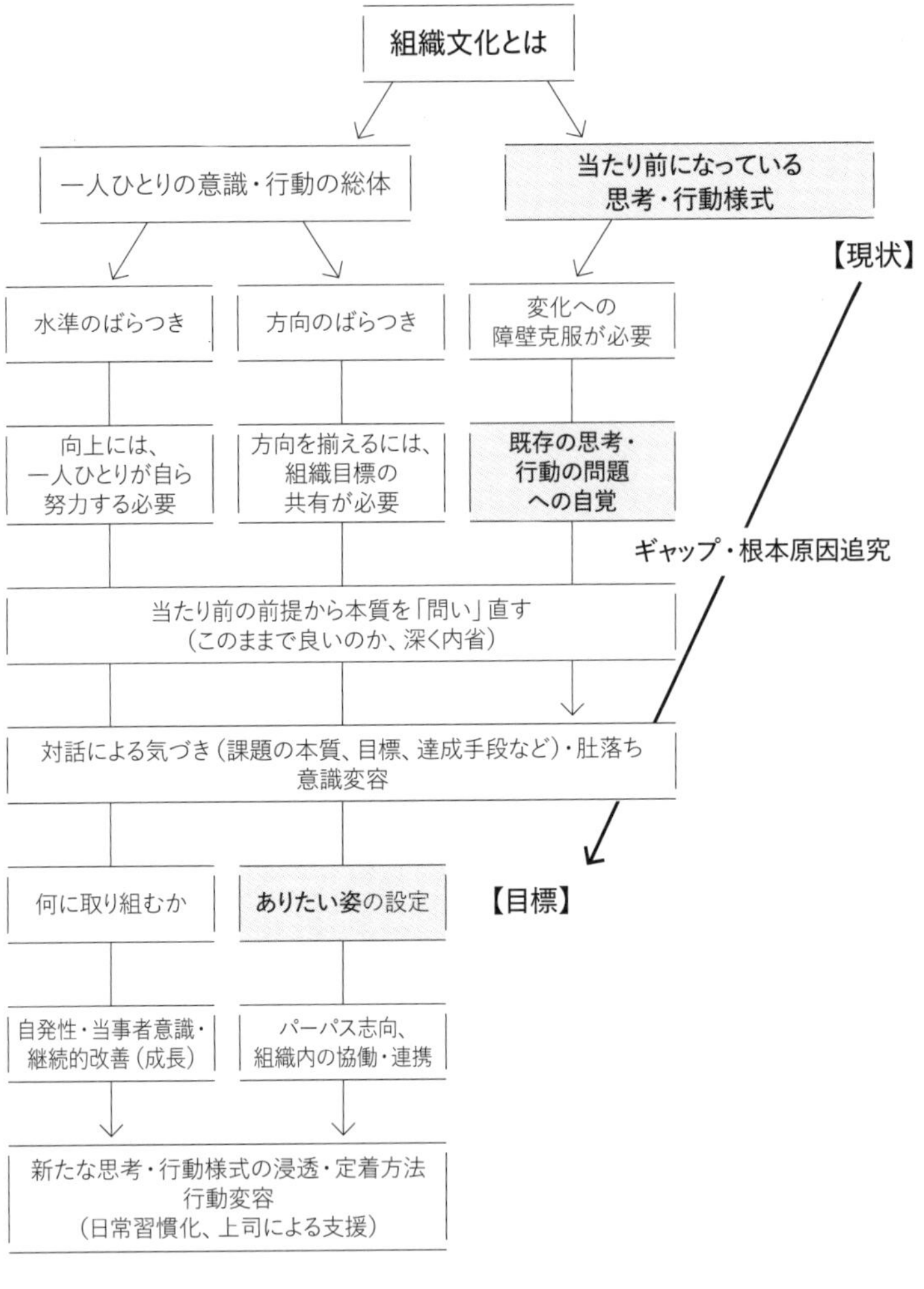

その際、

「現状　風通しの悪い職場」

「目標　風通しの良い職場」

「解決手段　対話機会の創出などのコミュニケーション活性化」

と整理をしたとします。しかし、コミュニケーションが活性化しないのは、単に機会が少ないからでしょうか。他にもっと根深い問題はありませんか？

もう一つの問題点は、「こうありたい」と目指す目標は、現在の状態を裏返しただけの「風通しの良さ」でよいのか？　という点です。

はたしてこれが、全員が心をひとつにして追求する究極の理想と言えるのでしょうか？

つまり、「風通しの良し悪し」は、水面上に現れた「目に見える現象」に過ぎません。関連する水面下の価値観や当たり前の考え方も含めて考え、現状と理想のギャップの根本原因を探究する必要があります。〈図16〉

そこで、「風通しの悪い職場」で問題だと思われる行動や意識、現象、特徴など、思いつくままに具体的に書き出してみます。実態を一番よく知り、切実感をもつ職場のみなさんで、愚痴や不満も含めてワイワイ本音を出し合うことがお勧めです。

それでも、目に見えない組織文化の現状課題を、白地から描写することは難しい、と感じ

図16｜「職場の風通しの悪さ」の真因は何か

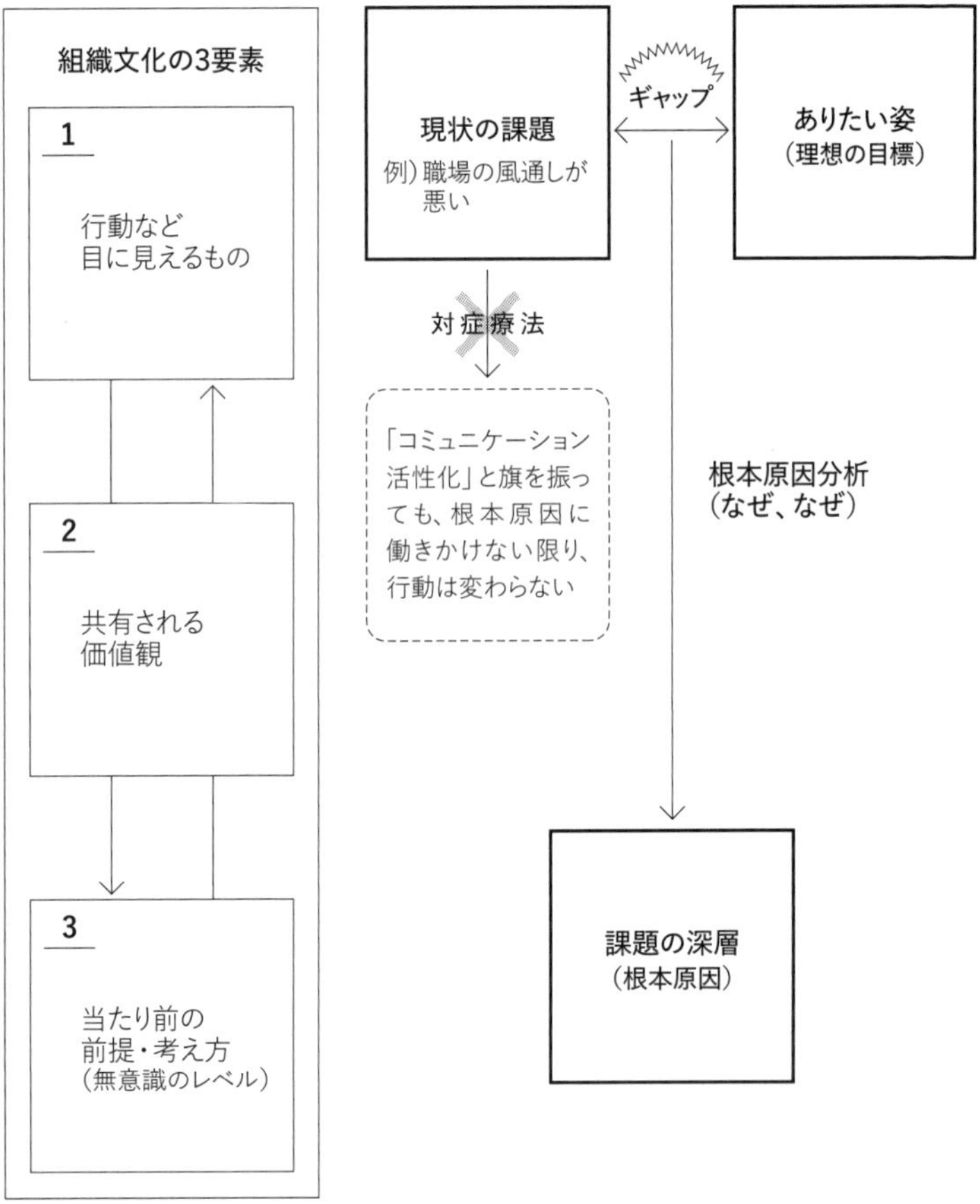

るかもしれません、そのときの着眼点として、

「答えのない問題に、社員がどう答えるか」

「トップがいないところで、社員がどう判断するか」

「社員が日々の問題解決で使う一連の前提は何か」

「誰も見ていないときに、どう行動するか」

などの問いに対して、社員が示す答え（日常の行動）の中にこそ、組織文化の無意識の歪んだ「くせ」が潜んでいるものです。

2 問題を整理し、関係を考える

そうして出たキーワードを、本人、上司、職場環境の3主体別に仕分けると、それぞれに問題があることがわかります。

ここではまだ、根本原因分析には踏み込みませんが、各キーワードを一口で説明できないか考えます。すると、本人の「主体性」発揮を、自身や周囲が妨げる力が働くように見えてきます。〈図17〉その上で、どうしたら「主体性」をのびのび発揮できる職場をつくれるか、深く考えていくことになります。

図17｜組織文化変革には、より深いレベルでの問題把握が必要

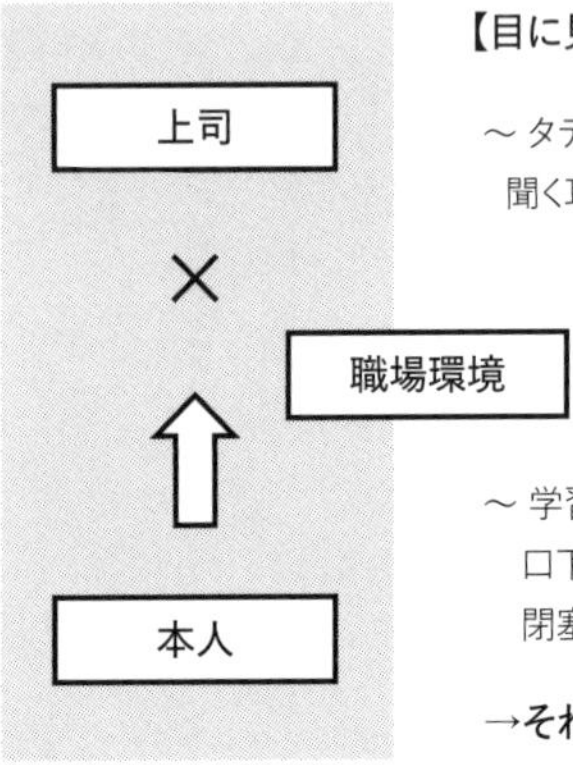

【目に見える現象】

～ タテ社会、高圧的態度、指示・命令、
聞く耳をもたない、リーダーとして相応しくない言動

～ タテ・ヨコの壁、希薄な人間関係、
相互への関心の薄さ、士気・意欲の乏しい同僚
協力・仲間意識の低下（=心理的安全性の欠如）

～ 学習性無気力（どうせ言っても無駄）、目的への熱意の薄さ
口下手、責任感・ロイヤリティの低下、他者依存、そんたく、
閉塞感・頭打ち感

→それぞれに共通する「根本原因」は、何か？

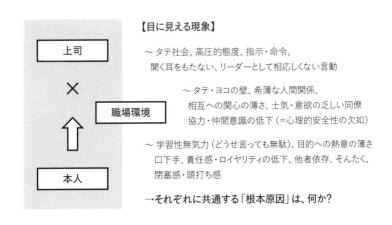

3　意識調査データを活用する

「測定できないものは管理できない」とのピーター・ドラッカーの言葉から連想し、組織文化も健康診断のようにデータを分析して、気になる症状や課題が判定できないか、と思う方もいらっしゃると思います。

オランダの社会心理学者のヘールト・ホフステード教授は、組織文化を「組織で働く人々の関係性（お互いや仕事、組織外との関わり方）」と定義した上で、組織文化が目的や戦略と整合するか、統計調査による次の6指標で可視化するモデルを構築しました。

①**組織の効果性**　手段重視か、目的重視か
②**顧客志向性**　組織の内部論理を重視するか、外部ステークホルダーを重視か
③**仕事の進め方**　緩やかか、厳格か
④**職場の関心**　上司や部署か、自分の仕事の中味や専門性か
⑤**外部との関わり方**　オープンか、閉鎖的か
⑥**経営やマネジメント**　従業員重視か、仕事重視か

たとえば、目的重視、内部論理重視、厳格な仕事の進め方、閉鎖的などのスコアが高い場合には、不祥事の温床となりかねない傾向がうかがえます。実際、こうした仕組みによって社員意識を計測し、組織診断が行われています。
こうした指標をダッシュボードとして活用し、組織に現れる特徴を把握し、現実と照らしながら、根本原因を探る手がかりにすることも有効です。

エクササイズ

一人ひとりが職場で主体性を発揮できるようにするには、上司はどのようなことを心がければよいでしょうか？

4 「何に」変えるか

次に、一番重要なプロセスに移ります。組織のみなさんが心から共感し、「こうありたい」と進んでいける目標を、ありきたりではない言葉で描くのです。それを現状と対比することで、さまざまな課題が浮かび上がります。その上で、目標を達成するために克服すべき本質的な課題を、根本原因分析に基づいて明らかにします。

1 「ありたい姿」を描く

❶ 願望を込めて具体的に描く

「現状」の課題が、だんだん見えてきたことと思います。次に、表面的な「風通しの良さ」を求めるのではなく、一人ひとりの「主体性」の発揮を妨げない職場とはどういうものか、「ありたい姿」を願望も込めて、思いきり夢見るプロセスに移ります。

もし、変革をリードする経営者の方が、社員一人ひとりの「ありたい姿」を考えるのであれば、経営理念（パーパスなど）や行動規範の検討と同じことになります。親が「子どもに、どんな人間に成長してほしいか」を考えることと同じと言ってもよいでしょう。

しかしながら、社員の多くは、組織の日常になじみ、それを当たり前のものと受け止め、違和感をもたないことが多いはずです。そこで、自分自身や職場の「ありたい姿」を問われても、即座に言葉にならない可能性が大きいものです。

その場合、たとえば、変革という山を登り切った頂上で、

「どんな景色を見たいと思いますか」

と、自由に想像をめぐらせる問いかけが有効です。

さらに、

「そうした職場になると、社員や家族、会社、お客さま、社会に対して、どんな好影響がもたらされるでしょうか」

と、目線を広げる問いもよいでしょう。

図18｜「ありたい姿」

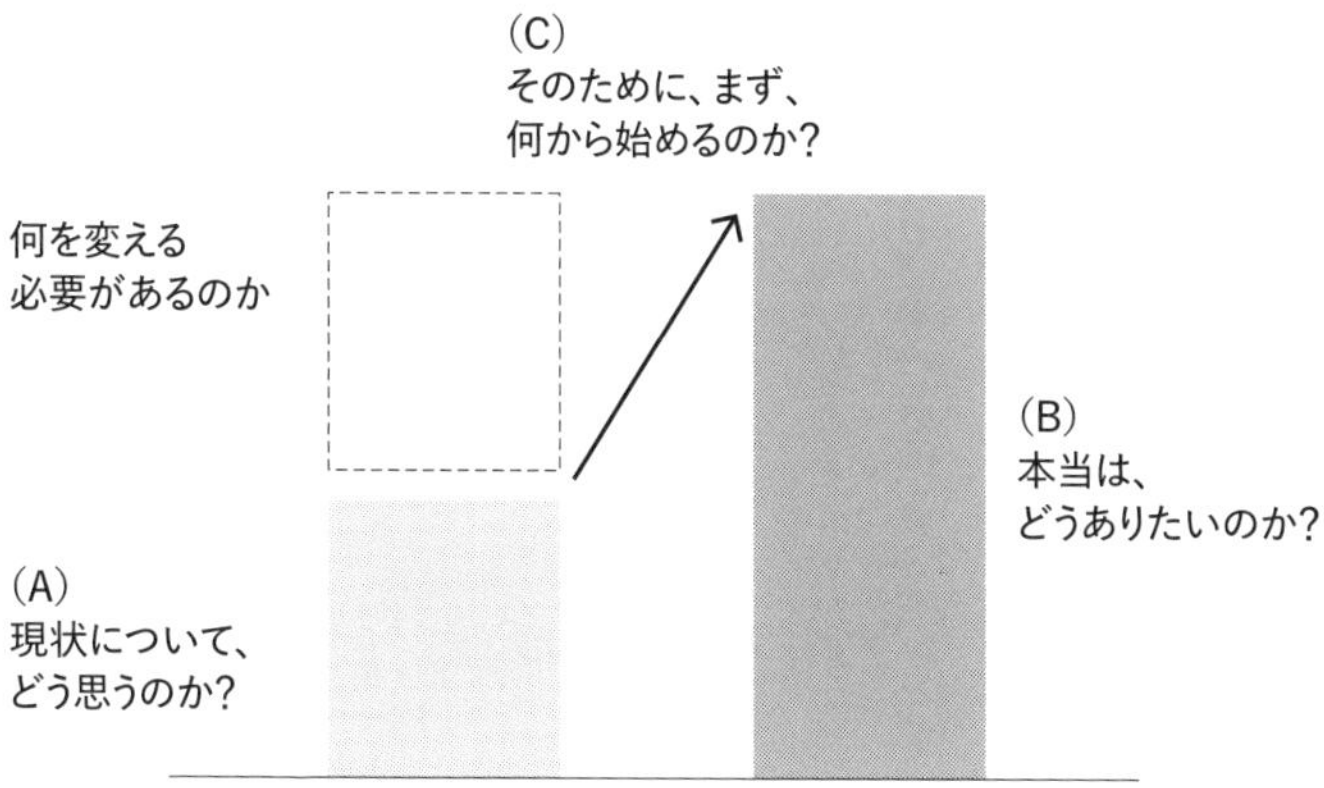
(C)
そのために、まず、
何から始めるのか?
何を変える
必要があるのか
(B)
本当は、
どうありたいのか?
(A)
現状について、
どう思うのか?

このように、理想像をより具体的に描くことで、前項の「何を変えるか」で検討した現状と対比しやすくなります。対応する現状のキーワードが足りなければ追加し、より深い検討ができるように見直していきます。〈図18〉

エクササイズ

あなたが社長だったら、

「全社員一人ひとりに、こうあってほしい。このような成長に導きたい」

と考えるキーワードを書き出してみましょう。

もし、連想が難しければ、次の問いへの答えでも構いません。

「自分の会社の文化を変えることができるとしたら、どこを変えたいですか？」

「会社の掲げる価値などで中身が伴わなくなっているものや、成功には欠かせないが今の文化に欠けているものは何でしょうか？」

❷「現状」を「ありたい姿」と対比させながら膨らませる

目標を「安全最優先や法令遵守」とした場合の、「事故や不祥事を招きかねないと懸念される会社風土や社員の意識・行動面での現状の問題点」と、「ありたい姿」をキーワードで挙げてみます。

組織文化の問題のある現状

ありたい姿からでもかまいませんが、ここでは、現状の問題を挙げていきます。〈表9〉

たとえば、「責任感の欠如、妥協、当事者意識不足、無関心、慣れ、油断、凝り固まった考え、マニュアル依存、経験・技術不足、人員不足、多忙、効率性や収益性の過度の重視、安全軽視、コミュニケーション不足、縦割り文化、先例踏襲、変化を厭う、過信」などです。

ありたい姿（目標）

同様に、現状と対比しながら、対極にある目標のイメージを膨らませます。

「ルール遵守、モチベーション、常に見られている緊張感、自ら考え行動、問いかける、失敗に学ぶ、継続的改善、懸念や本音を言い合う、報連相、互いに敬意を払う、異なる意見を尊重、仲間と助け合う、高い目標に挑む、謙虚」などです。

表9｜組織文化の現状とありたい姿

問題のある現状	ありたい姿（目標）
• 責任感の欠如、妥協	• 規範意識の高さ、ルール遵守
• 当事者意識不足、無関心	• モチベーション高い仕事への取り組み姿勢
• 現状への慣れ、油断	• 社会から常に見られているとの緊張感
• 凝り固まった考え、マニュアル依存	• 自分の頭で考えて行動する力
• 経験・技術の継承不足	• 技能向上のための研修や訓練
• 人員不足、多忙による考える時間の不足	• 過去の失敗に学ぶ姿勢、継続的改善
• 効率化を重視し、安全性確保を軽視	• リスク感度、安全最優先の姿勢
• 過度の利益重視やコストダウン、工程優先	• 懸念を言い出しやすい職場風土
• コミュニケーション不足	• 困った時は一人で悩まず、仲間と共有
• 縦割文化	• 互いに敬意を払い、異なる意見を尊重
• 空気を読む、上意下達、言い出せない	• 本音で言い合える関係、仲間との助け合い
• 前例踏襲、変化を厭う	• 常に高い目標にチャレンジ
• おごりと過信	• 謙虚に問いかける姿勢

図19｜抽出された課題の整理

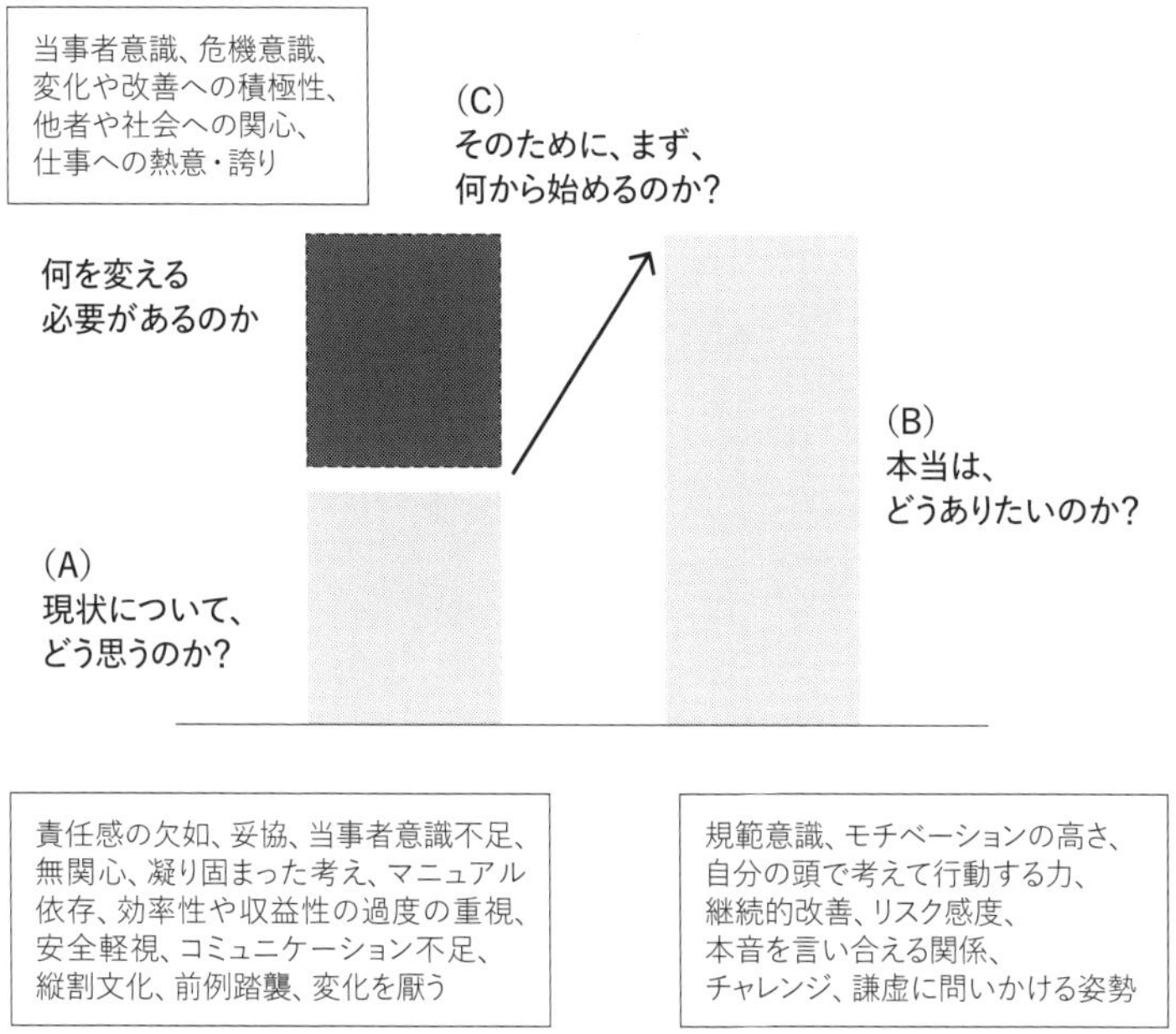

目標と現状とのギャップの真因を探る

だんだん埋まっていく対比表を眺めると、両者のギャップも自然と明確になります。それを集約すれば、「当事者意識、危機意識、変化や改善への積極性、他者や社会への関心、仕事への熱意・誇り」の不十分さ、と言えそうです。

その中でも、最も本質的なものに優先順位を置き、どうしてそうなるのか、真因を追究することが、効果的な対策につながります。〈図19〉

2 課題の真因を追究する

❶ 根本原因分析

現状は、病気の例で言うと、健康（目標）とはほど遠い現状で、高血圧や肥満など目に見える症状もいくつか出ていますが、原因が食事や不規則生活、体質などとは特定されていませんので、治療方針はまだ固まりません。そこで急いでもぐら叩きのような対症療法を施すよりも、さまざまな症状に共通する根本原因を探すことが効果的です。

社員の行動や意識に関するアンケート調査のデータで、平均値からの乖離度や項目間の散らばりなどから課題のありなしは探れますが、それだけではまだ真因を特定できません。

そこで、観察や推論を駆使し、より深く真因を探る「根本原因分析」の事故調査手法が、参考になります。〈図20〉

簡単に言えば、問題事象（結果）からさかのぼり、それが起きた直接要因を特定し、さらにそれを引き起こした間接要因（背景）を整理し、根底にある真因（根本原因）を求めていきます。コツは、各要因を招いた背景は**「なぜ？」と、問いを重ねる**ことです。

次のページに挙げた図の例では、品質不正の原因とは現場判断でのデータ改ざん、と表層で止めると、それに対応した「倫理教育」が対策になります。

そうすると、**組織文化に根ざした構造的な問題である本質が見過ごされ、真の再発防止にならない**可能性があります。

この「なぜ」という問いかけを繰り返して根本原因を追究する方式は、次に説明する「なぜなぜ分析」と呼ばれ、トヨタ生産方式などで広く活用されています。

2 根本原因を探る「なぜなぜ分析」

「なぜなぜ分析」は、問題現象があれば、「なぜ」との問いを立てて原因を考え、それを繰り返して背後にある核心まで掘り下げます。「なぜ」を5回ほど繰り返すと、根本原因にたどり着ける、と言われます。どう掘り下げていくのか、例をお示しします。〈図21〉

図20｜根本原因分析

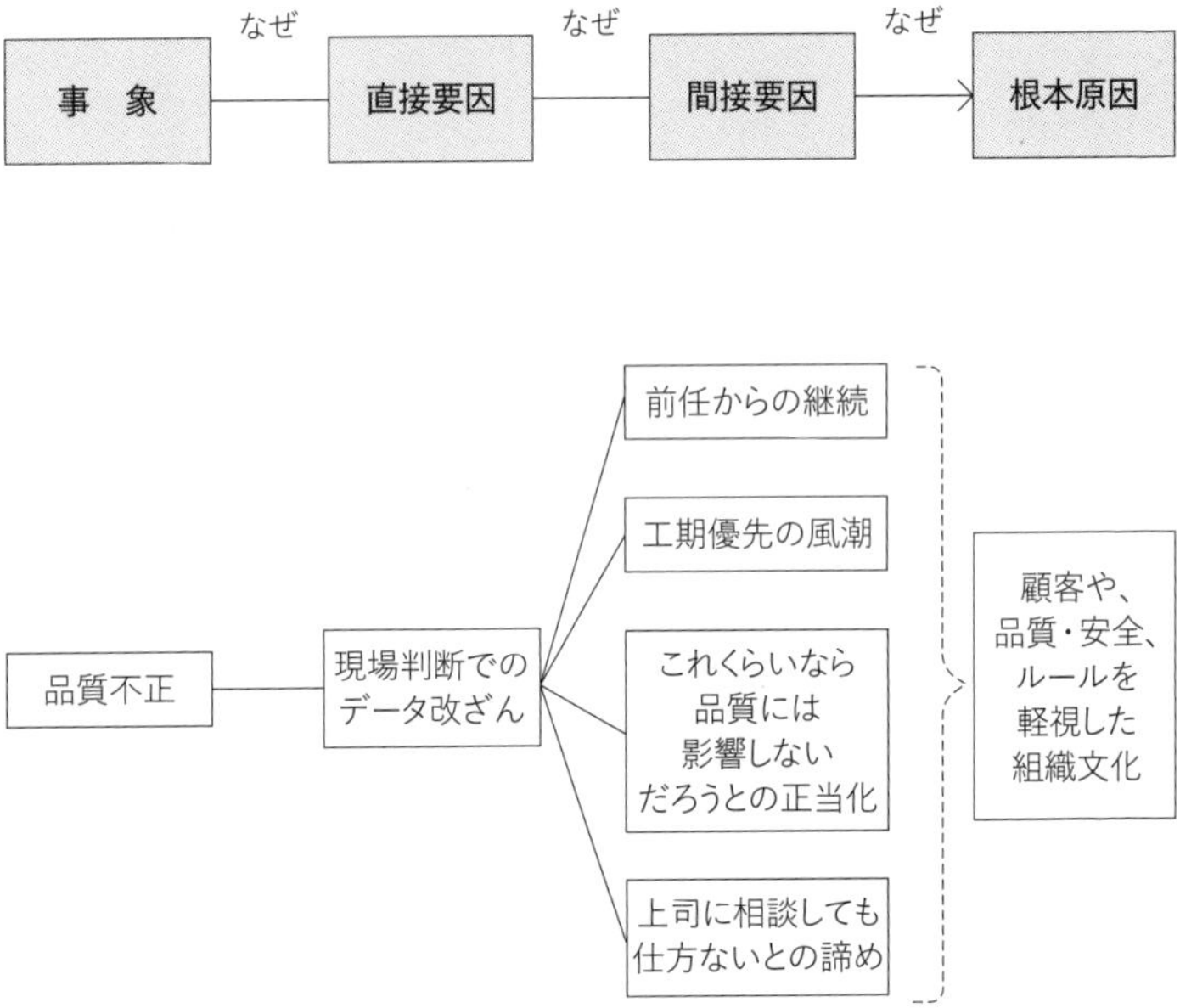
なぜ
なぜ
なぜ
事　象
直接要因
間接要因
根本原因
品質不正
現場判断での
データ改ざん
前任からの継続
工期優先の風潮
これくらいなら
品質には
影響しない
だろうとの正当化
上司に相談しても
仕方ないとの諦め
顧客や、
品質・安全、
ルールを
軽視した
組織文化

たとえば、「ミスや事故が多発する現状」の場合に原因を調べたら、「マニュアルに定められた作業手順やルールが守られない」ことが直接要因でした。

そこで、なぜ、「ルールが守られないのか」を掘り下げると、「これくらいルールを逸脱しても、大丈夫だろう」という慢心が、本人や職場にまん延していました。

さらに、その原因を「なぜ、なぜ」と、図21のように掘り下げていくと、根本原因には、ルール逸脱に気づいていても、おかしいと考えず、考えても行動に移せない、一人ひとりの「主体性の劣化」が特定されます。

こうして根本原因が「主体性」とわかりました。スタート時点の課題である「ミスや事故の多発」からは、こうした分析なしには発想が及びにくいものだとわかります。

結論（根本原因）を検証するため、主体性が劣化した状態を具体的に描くと、「自律性の欠如、消極的行動、責任回避、他者依存、目的意識の希薄化、置かれた立場への認識不足、偏った主観へのとらわれ、変化を厭う、乏しい向上心」

図21｜「なぜ、なぜ」分析による真因追究

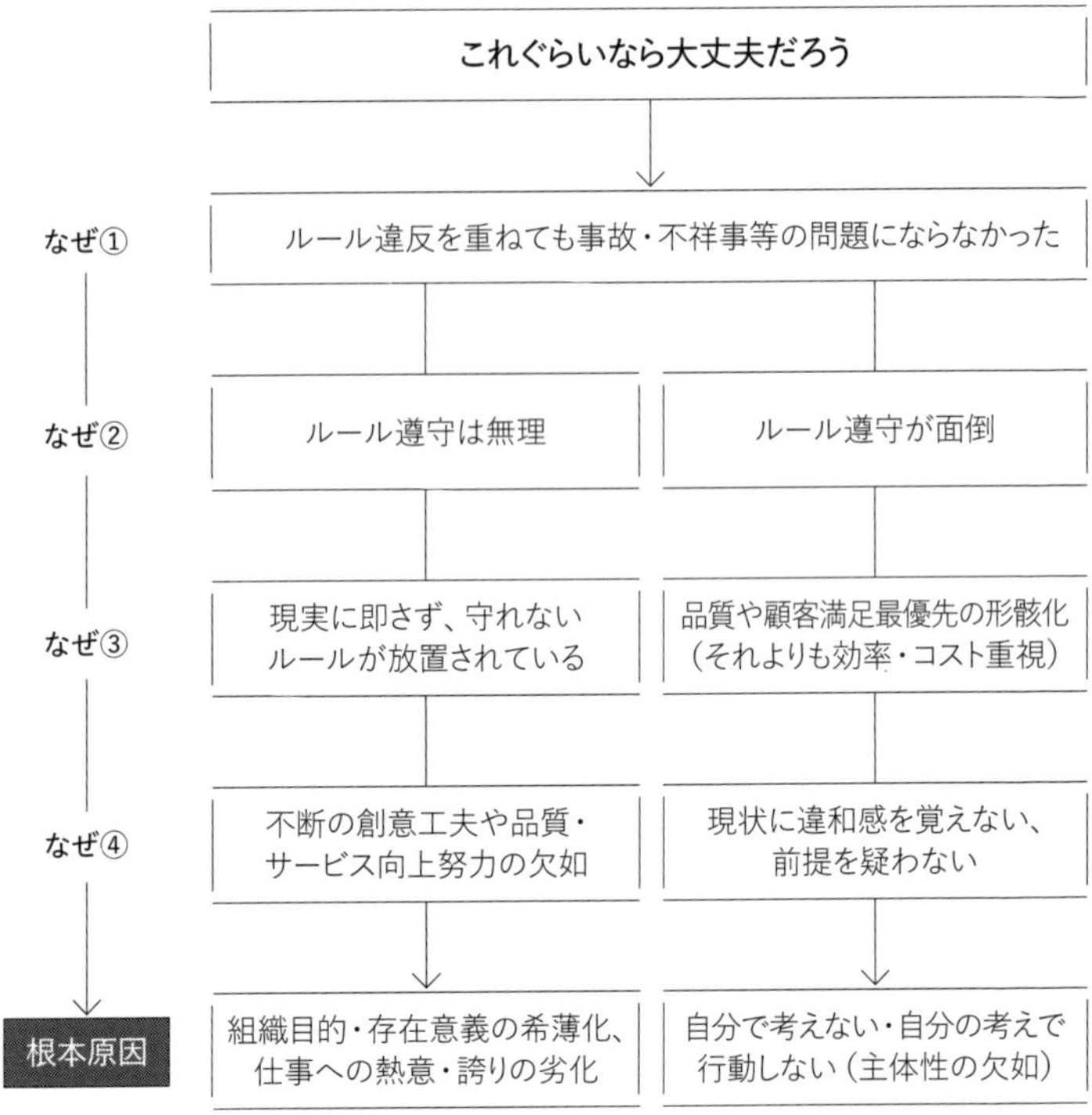

などが思い浮かびます。そのような状態では、誰も見ていない場所でもきちんとルールが守られるとは言い切れず、根本原因分析の結論は妥当だと言えそうです。

ここで行った、「**現状・ありたい姿・ギャップの真因**」を整理する**プロセス**は、事務局での全体戦略検討だけに留めず、社員自身が「組織や自分のありようを変えよう」という意識に変わる(次章)ために、社内の各職場で互いに行うとよいでしょう。

エクササイズ

〈図20〉にある根本原因分析表を参考に、ある間接要因から根本原因が導き出されるロジック(推論)を、なぜ、なぜと、繰り返して考えてみてください。

5 「どうやって」変えるか

現状と目標（ありたい姿）を明確にした上でのゴールに向けた取り組みが、意識変容と行動変容の2つであることを解説します。その際、人の考えや行動に変化を求める組織文化変革では、直面するさまざまな抵抗を考慮した工夫が必要です。

1 変えるものは「意識」と「行動」

変革の全体構図に立ち戻って、再確認します。組織文化とは、一人ひとりの意識と行動の集まりなので、変える対象は、各人の「意識（考え方）」と「行動」になります。

まず、意識（考え方）の変化とは、一時的な揺らぎではなく、これまでの考え方や行動に問題があることを自ら理解し、新たな考え方を得なければなりません（＝意識変容）。

さらに、新しい考え方に基づく正しい行動が当たり前の習慣にしっかりと定着し（＝行動変

容）、無意識の当たり前の考え方を形づくるものにしなければなりません。〈表10〉

2　解凍・変化・凍結（組織文化の変化の3段階）

では、意識・行動変容とはどういうものか、具体的に考えていきます。

組織文化変革は、一人ひとりの考え方や行動の変化によってもたらされます。

しかし、大人が自ら変化するには、長年培った態度や価値観、ペルソナなどの変化が求められ、本人の苦痛になります（いわゆる、変革を阻む免疫機能）。

その結果、変革は組織の中で、さまざまな抵抗に遭います。〈表11〉

この抵抗をふまえ、エドガー・シャイン教授は、組織文化の変化を実現（＝学習棄却）するには、次の「解凍・変化・再凍結」の3段階をふむことが必要だとします。

- **解凍**　組織内の個人が、「これまでの世界観が妥当でない」「これまでの行動が期待した結果を生まない」ことに「気づく」こと。その際、変化を動機づける罪の意識や不安な気持ちが生まれることや、変化への障壁を縮小することが大事です。
- **変化**　変化することで、新しい情報・見方に基づく新しい態度や行動を発展させます。

表10｜意識変容・行動変容

意識変容：

ものの見方、考え方、価値観、意識や態度などを変えること。過去の経験や学習などで出来上がった大人の意識を変えることは、一定の労力がかかります。

行動変容：

行動をより良いものに改善すること。そのため、意識が変わり、その行動が習慣として定着すること（医療健康分野の研究から始まり、ビジネス分野でも活用に）。

表11｜変革が失敗する主な原因

組織文化変革への障害には以下のものがある、とコッター教授は言います。

1. 内向きな企業文化
2. 官僚主義
3. 社内派閥
4. 相互の信頼感の欠如
5. 不活発なチームワーク
6. 社内外に対しての傲慢な態度
7. 中間管理層のリーダーシップの欠如
8. 不確実に対する恐れ

● 再凍結　変化を「定着」させます。その際、新しい態度や行動が、自分に合っており、他者がそれを認めてくれるかがカギです。

つまり、「意識変容」が解凍、「行動変容」が変化・再凍結に相当し、それぞれの重要ポイントが「気づき」と「習慣化」になります。

この変革の核心である、「意識変容」「行動変容」の具体的な進め方は、次章で詳細を説明していきます。

エクササイズ

自分の考え方を大きく改めたことがありますか。もし、あれば、具体的にどのようなプロセスで、どんな気持ちだったか、具体的に振り返ってください。

3 起こりうる抵抗を知っておく

序章で紹介したジョン・コッター教授は、数多くの企業変革実績をつぶさに調査した結果、次のプロセスを順に踏むことで改革が成功する、と提唱しました。前項で説明した「解凍・変化・再凍結」の3段階を、より具体的なロードマップに落とし込んだものです。

❶ 改革の8段階

① **危機意識を高める**　「今のままではダメだ」との意識を共有し、あるべき姿を目指し、現状とのギャップを埋めるため、行動を始める

② **変革推進のための連帯チームを築く**

③ **ビジョンと戦略を生み出す**　わかりやすい変革後の組織の姿を明確に示したビジョンが必要

④ **変革のためのビジョンを周知徹底する**　社内説明会、社内報、一対一の対話など、さまざまなコミュニケーションを行う

⑤ **従業員の自発を促す**　より広範囲に関係者を巻き込み、組織的に変革を促すボトムアップ中心の活動へ移行

⑥ **短期的成果を実現する**　小さな成功を組織内で共有することで、変革への信頼やモチベーションをさらに高める
⑦ **成果を生かして、さらなる変革を推進する**　成功要因を分析し、成功のプロセスを社内に共有
⑧ **新しい方法を企業文化に定着させる**　行動規範だけではなく、時間をかけ、企業内にある価値観まで変えていく

2 8段階は有効か

筆者の取り組みでは、当初、ここまでの詳細な工程表を持たず、試行錯誤でステップを進めましたが、振り返ると、確かにこの8段階をたどってきたことに気づきました。

特に、初期の「危機感醸成」と「改革チームづくり」が一番大切で、大変でした。

まだ、みなが現状に違和感をもたない状態で、変化に飛び込むファースト・ペンギンを生む過程です。何が問題であり、「このままではいけない」という健全な問題意識を共有し、「何かをやらねば」との意欲を結集する着火作業に苦労した記憶が鮮明です。

このままでも日常が繰り返されるのに、なぜ、変革しなければならないのか、との眠りを

覚ます、最初の関門でした。「どうしてわかってくれないのか」、「自分事にならないのはなぜか」と、歯がゆさを感じる毎日でした。

そこで、現在の組織文化の、何を捨て、何を残し、何を加えるか、みなで話し合って変革の具体的なイメージを共有することで、変わることへの不安の払しょくに腐心しました。

その段階を突破し、取り組むべき課題が特定できれば、後は、課題を解決する具体的手段の問題になります。

エバンジェリスト（伝道師）としてビジョンの布教を続け、一人ひとりの気持ちを動かし、ボトムアップで改革のうねりを増幅しました。

長い取り組みの途中で失速や迷走をしないため、8段階の順番を崩さず、焦らず確実に一つずつ進めることで、必ずゴールにたどり着けることを保証します。

VIEW POINT 6 なぜ、NASAは変われなかったのか

物体がそのままの状態を続けようとする性質を、物理学では「慣性」と言います。たとえば、走行中の電車が急停止したとき、同速度で動いていた乗客が進行方向にのめるのが一例です。同様に、組織文化にも一種の「慣性」が働くことをNASAの例は示しています。

チャレンジャー号の爆発事故（1986年）は、打ち上げ時の低温で弾性が失われた燃料密閉用のゴム製のOリングから、燃料が漏れたのが直接原因でした。ところが、その背景には、メーカーからの警告を無視した幹部による打ち上げ強行や、技術上の問題に関する現場と幹部間の意思疎通の欠如、延期に伴う経費増を嫌ったこと、マネジメントシステムの欠如など、NASAの組織要因がたくさんありました。

事故調査委員会のメンバーだったカリフォルニア工科大学の物理学者リチャード・ファインマン教授は、NASAの官僚主義に辟易しながらも、独自に現場に足を運んで多くの技術者と率直に意見交換し、技術的エラーを生んだ背景要因として、次の印象を特筆しました。

「事故確率の見積もりに、幹部と現場の間で1000倍もの信じがたい乖離がある。我々は月に行ったくらいだから必ずできるはず、と幹部は自信過剰になり、現場の技術的懸念に

耳を傾けなくなったのではないか」

こうしたNASAの組織要因は、序章で紹介した17年後のコロンビア号事故（2003年）での次の指摘事項と、驚くほど類似しています。

「幹部の自信過剰な意思決定」「安全よりも工程や費用重視」「なせばなる（CAN DO）精神」「外部からの批判に耳を傾けない」「コミュニケーションの悪さ」

これは、チャレンジャー号事故後の改革にもかかわらず、文化的規範を伸縮しても、すぐ元の形に戻り、組織に浸透した考えが変化を拒むことを示します。あたかも慣性が働くように、環境や戦略の変化に対応して変わるべき組織行動が、変わらずに、旧来の行動パターンが継続されるのです。

幹部と現場との意識の乖離をはじめ、NASAに固着した好ましくない組織要因は、第一部の第2章で紹介した他社の企業不祥事でも、しばしば見られるものです。

「愚者は経験に学び、賢者は歴史に学ぶ」とは、プロイセンの宰相ビスマルクの言葉です。貴重な教訓から、学び続けないのは、なぜか。

これが、組織文化問題にわたしがこだわり続ける大きな理由の一つです。

第2章

変革のステップ2

組織文化を変える

「意識変容」「行動変容」

これまでの考え方を潔く捨て、新たな考えと行動をしっかりと身に付ける「意識変容」「行動変容」が、組織文化の変革の本質です。一人ひとりが進んで現状から変化し、より良い姿に成長するための有力なツールが、「気づき」と「習慣化」、そして、「周囲からの支援」です。

1　変えるのは意識と行動

ここでは、前章でつくった計画に基づき、一人ひとりの意識と行動を変化させ、望ましいあり方を組織に定着させる実行プロセス（＝組織文化を変える）の全体像をお示しします。

これまでも示してきた図をもう一度、次のページに示しましたが、その〈図22〉にあるように、組織文化とは、とどのつまりが、組織を構成する各人の、意識と行動の総体であり、それを生み出している「当たり前となっている思考・行動様式」です。深層で当たり前になっている思考・行動様式は、その表面での表れである各人の意識と行動が変わることによってこそ、変わっていきます。ミッションステートメントを変えてトップが訓示を垂れたところで、変わるものではありません。

したがって、個人の意識と行動に変容を起こすことが、組織変革の要諦となります。

図22｜変える：意識・行動

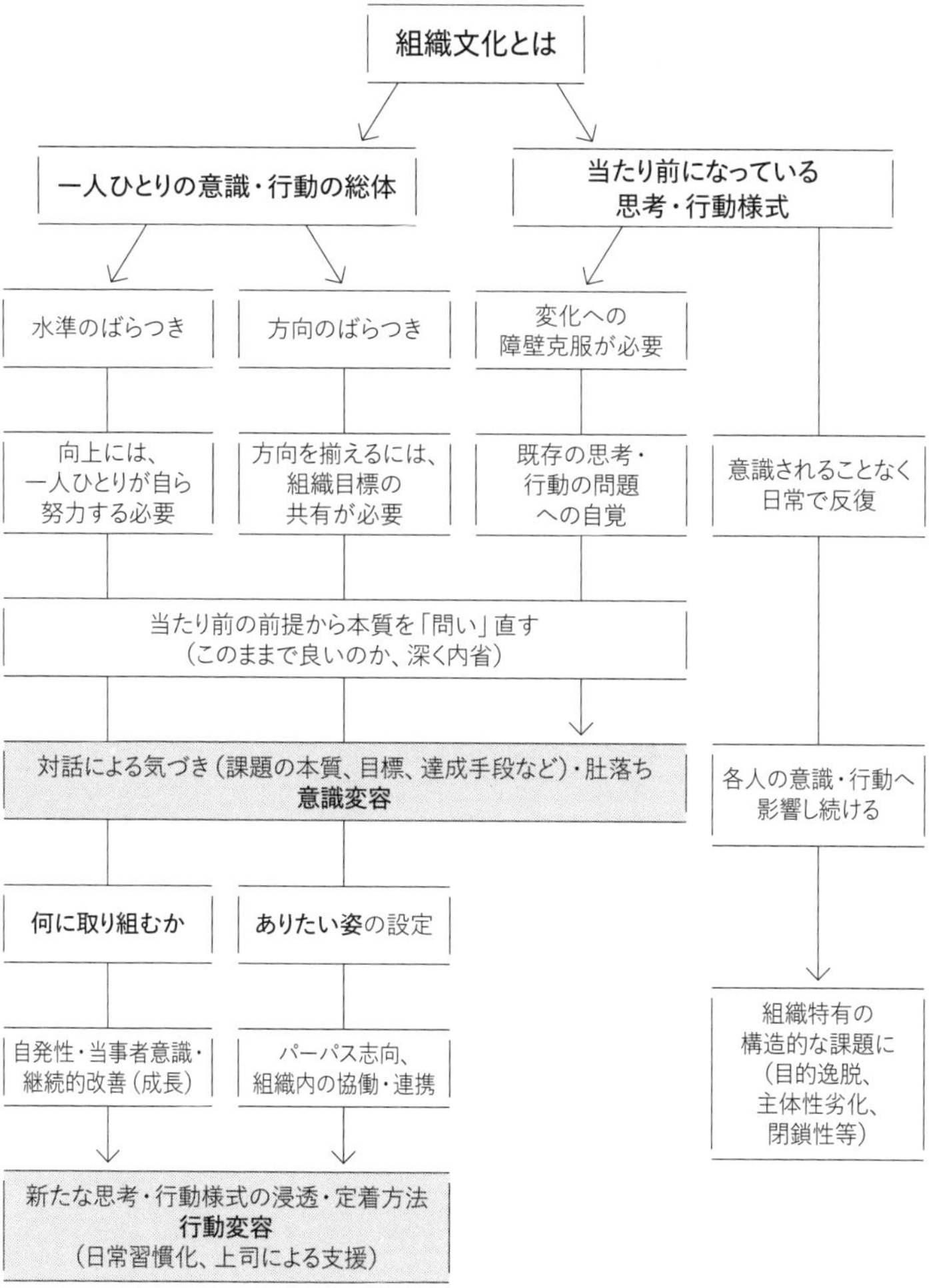
組織文化とは
一人ひとりの意識・行動の総体
当たり前になっている
思考・行動様式
水準のばらつき
方向のばらつき
変化への
障壁克服が必要
向上には、
一人ひとりが自ら
努力する必要
方向を揃えるには、
組織目標の
共有が必要
既存の思考・
行動の問題
への自覚
意識されることなく
日常で反復
当たり前の前提から本質を「問い」直す
（このままで良いのか、深く内省）
対話による気づき（課題の本質、目標、達成手段など）・肚落ち
意識変容
各人の意識・行動へ
影響し続ける
何に取り組むか
ありたい姿の設定
自発性・当事者意識・
継続的改善（成長）
パーパス志向、
組織内の協働・連携
組織特有の
構造的な課題に
（目的逸脱、
主体性劣化、
閉鎖性等）
新たな思考・行動様式の浸透・定着方法
行動変容
（日常習慣化、上司による支援）

これまでの考え方を改める「意識変容」において唯一重要なことは、一人ひとりが、自発的に「このままではいけない」と気づくことです。それがなくては、いくら上司に対して、あるいは、自分自身に対して頭でわかったつもりになったとしても、本当には、納得していないので、結局、しばらく経つと、元に戻ってしまう。深層にある「当たり前になっている思考」を変えることはできないのです。

ではどうするか？　試行錯誤の末、わたしが見つけてきたのは、「対話による問いかけ」でした。

価値観の一方的な押しつけではなく、対話によって問いかけることによって、本人の自発的な「気づき」を導くことでした。そこに至るまで、対話を続けることでした。

思考は、行動に表れます。その行動が再び、思考に働きかけます。そうやって、新しい思考と行動の様式が強化され、習慣化され、「行動の変容」が完成します。

そこに至るまで、新たな価値観の浸透と併せて、一人ひとりの状況に応じて行動強化（タイムリーな声かけなど）を図る支援を行い、望ましい行動を反復継続し、無意識の習慣に定着させるのです。

2 意識変容

組織文化の深層で共有される「当たり前の考え方」は、国民性や集団心理、個人のメンタルモデルなどによって歪められます。その原因を踏まえた上で、新しい考え方を自ら得る（＝気づき）よう、対話を通じて働きかけます。

1 ありたい姿から離れてしまう理由

誰しも、自分の未熟さや間違いは認めたくありません。「ありたい自分」でいるはずだと思っています。けれども、現実には、組織の中で少しずつ、その「ありたい姿」から離れていってしまいがちです。なぜか？ まずは、そのさまざまな理由を挙げてみます。

❶ 集団から影響される心理

一人ひとりは健全な考えでも、集団になると誤った行動を招く心理的影響を受けます。仲

表12｜集団になると誤った行動を招く心理的影響

特性	概要
権威勾配	上司・部下間の力関係がきつ過ぎると、一方的命令ばかりとなり、部下から指摘や意見が出せなくなる
同調圧力	みんなが言うなら、それでも良い、という気持ち
社会的手抜き	大勢いるから、少しくらい手を抜いても大丈夫、との相互依存
リスキーシフト	普段は穏健な人が、大勢の中では、メンバーの極端な言動を特に気にかけずに同調したり、一緒になって主張したりするようになること
集団浅慮	会議を早くまとめたり、意見対立を避けようとして、都合のよい情報だけで判断したり、合意の得られやすい結論に落ち着かせること
身内大事	チーム内で波風を立てたくない、組織のためには仕方ないという感情。他メンバーの誤りを指摘せず、隠蔽改ざんなど、重大な組織的犯罪にもつながる
外への無関心	自分たちは大丈夫、対岸の火事でよかったと思い、他山の石を自らの教訓とできなくなる

間と違って目立ちたくない「同調圧力」、意見対立を避ける「集団浅慮」、顔色をうかがう「権威勾配」、他所の失敗を教訓にしない「外への無関心」などです。〈表12〉

ことに、「集団浅慮」は、自分たちの集団への過大評価（例　自分たちの理論や判断に間違いはないという幻想や思い込み）、組織内に閉ざされた意識や外部への偏見、同調圧力などの3つがすべて当てはまる状態だと、欠陥ある決定を下す危険性が高くなります。

また、日本人は「主語」のない独特の日本語を使い、「私」という固定的な視点ではなく、他者と共有する状況に依存して視点を同調させる習慣があります。そして、論理や科学ではなく、場の「空気」に支配されるとも評されます。

❷ 低きに流れる水

時として人は、望ましくない行為を道徳的に正当化し、有害な結果に目をつぶり、責任を転嫁し、葛藤やストレスを感じることなく逸脱行為を犯す場合があると、スタンフォード大学の心理学者アルバート・バンデューラ教授は指摘します。

そうした行動が組織内で黙認されると、「こうしても良いのだ」と、期待水準の引き下げへの暗黙の合意が共有され、周囲に伝染します。「これくらいなら大丈夫だろう」といった安易な考えで、品質偽装が組織的に行われるなどの昨今の企業不祥事は、その典型です。

❸ 習慣が蓄積してできあがった無意識の「当たり前の考え方」

人の脳は、無意識に行う速い直感的思考と、意識的に行う遅い熟慮思考の2つを使い分けます。日常の大半は、大量情報を効率よく処理し素早く行動するため、過去の経験や情報をもとにパターン認識し、瞬時に判断する直感的思考が行われます。そのため、思い込みなどの形で誤った答（バイアス）を出す場合があります。

こうした個人のメンタルモデルの蓄積とも言える組織文化の「当たり前になっている考え方」が、ＤＮＡのように人の意識や行動に影響します。

エクササイズ

同調圧力、集団浅慮、権威勾配といった集団（組織）による影響から、自分は無縁と言い切れますか。これらの力に対して、自分が日々、どう向き合っているか、振り返ってみてください。

VIEW POINT 7 日本人の国民性

ある国の人々に特徴的に見られる、世代を超えて継承される気質や独自の行動様式を「国民性」といいます。つまり、ある国の「文化」を代表する重要部分です。

ＯＥＣＤ／ＮＥＡが、原子力分野の安全文化に影響を及ぼす日本人の国民性について、興味深いレポートを最近（２０２４年）まとめました。国の文化が、それを構成する企業やコミュニティなどのサブ（下位）グループの組織文化に影響を与える、というのです（第1部の第3章参照）。日本にいてはあまり意識しない私たちの「くせ」が、国際機関による外からの目にどう映るのか、その一部をご紹介します。

それによると、日本人の国民性のうち、**「同調圧力」「まじめ」「失敗への恐怖」「保守的」「和」「率直に発言しない」「集団主義」「曖昧さ」「思いやり」「年功序列」「お上意識」**という１１の特性が、本分野の個人や組織の行動に現れ、安全水準に影響を与える、とされます。

日本社会では「同調圧力」が強く、多数派の意見にしたがうことが多いのですが、これは日本文化に根強く関連し、集団での協力体制などで「和」が個人の意見よりも優先され、「率直に発言しない」や「失敗への恐怖」といった特徴に関連します。

「まじめ」は、リスクを好まず新しいことに挑戦したがらない傾向にも関連します。予期せぬ課題に直面した際、状況に適応し、代替案を見つけることが難しい可能性があります。職場では、過度の完璧さを追求し、指示の背後にある合理性を問わず、そのまま受け入れ、極端に仕事にのめり込んだ結果、ミスを犯すことにもなります。

「和」は、抵抗より忍耐に重きを置き、軋轢を避ける傾向と関連がありそうです。その結果、個人的な目的のために「和」を崩す人は、叱責や暗黙の非難（同調圧力）にさらされます。また、「和」を重視しても、反対意見や不満がないわけではなく、「本音」と「建て前（西洋文化では偽善や欺瞞と捉えられる）」を使い分け、複雑で形式ばった言い方に丸め込み、「建て前」で話を進める傾向があります。

特に、職場での会議の席で、自分の意見を「率直に発言せず」に黙って話を聞く傾向が強く、他人の目を気にして状況に合わせた行動を取ります。会議で発言することに対して、自身が評価を受けるように感じる傾向があり、「同調圧力」や「失敗への恐怖」を感じ、悪評が立ち、少数派になり、グループから浮くことを恐れます。

いかがでしょうか？　もちろん、これらの特性は美徳や長所として評価される場面もあります。しかしながら、外からはそう見える、ということで、日本の中、組織の中にいては気づきにくい、当たり前になっている無意識の考え方の歪みに気づく手がかりにしていただければと思います。

2　意識変容の方向性

前述のように、組織内で一人ひとりの考え方が陥りやすい共通問題には、
- 集団に影響される
- 自然に劣化する
- 思い込みに引きずられる

などが挙げられます。これは、第1部で示した事故や不祥事の背景と大きく重なります。

そこで、こうした傾向に抗い、意識をより良く高めるには、
- 集団に流されない
- 意識的に高める
- 自分の頭で考える

という「自律性」「継続的改善・成長」が重要なカギであることがわかります。

また、前章の計画づくりで行った根本原因分析に基づき、問題ある特定の意識を変えていくことは、もちろんのことです。

❶ 自律性

自分で決めた規範や基準にしたがい、自分の頭で考え、主体的に行動を統制・制御し、正しい行動を行うことです。誰も見ていなくても、どんなに大変でも、正しいことをやり通す力です。

❷ 継続的改善・成長

放っておくと自然劣化する意識や行動の水準を維持、向上する、終わりのない取り組みです。下りのエスカレーターを駆け上り続けるようなものです。実際の仕事でうたわれている、「終わりなき安全性向上の追求」や「品質や業務プロセスの継続的改善」などの精神です。

> **エクササイズ**
>
> もし、子育ての経験をお持ちでしたら、子どもの自律性や成長を促すために、どのような工夫をし、何がうまくいったのか、振り返ってみましょう。

3 意識変容の方法

自律性を高め、継続的改善・成長を促すことを含め、ぜひ、ご活用いただきたい手法を紹介します（実際に職場などで行う具体的な方法は第5章で、ご説明します）。

❶ 周囲から働きかける（規律）

割れ窓理論

建物の割れ窓を放置すると無関心の象徴となり、やがてすべての窓も壊されます。逆に、軽微な不正も放置しなければ重大犯罪が防げる、とする環境犯罪学の考え方です。治安が悪化したニューヨークで、落書きなどの軽犯罪を徹底的に取り締まった結果、殺人や強盗などの凶悪犯罪が激減しました。

企業でも、緩んだ規律で業績不振に陥ったアップル社再建のため、社長に復帰したスティーブ・ジョブズ氏は、社員の勤怠管理や整理整頓に真っ先に取り組みました。

5S

トヨタ改善方式で有名な5S（整理・整頓・清掃・清潔・躾）も、職場の自律性や自発性を高め、協力し合う組織文化づくりに広く活用されます。〈表13〉

表13｜5S活動

項目	内容
整理	職場に必要なものを残し、不要なものは処分・片付ける
整頓	決められた場所に決められたものを、決められた量だけいつでも使用できるようにする
清掃	職場環境や身のまわりを常にきれいに維持する
清潔	整理・整頓・清掃を行った結果、きれいな状態を保つ
躾	職場をきれいな状態に保てるよう、仕組みづくりや教育・指導を行う

2 自発性を促す

馬を水辺に連れて行くことはできても、水を飲ませることはできません。周囲がお膳立てしても、本人に意思や欲求がなければ、行動につながらず、やっても形だけです。

一人ひとりに新しい行動を定着させる際には、自発的な取り組みを支援することが望ましいのです。

たとえば、本人に選択の余地を残して、より良い行動を自発的に取れるように「気づかせ」、そっと導く「ナッジ理論」が行動経済学で提唱されています。

童話「北風と太陽」で、厳格な強制よりも、暖めて本人の気持ちが自然と動くよう仕向け、旅人に進んでコートを脱がせるイメージです。

3 行動意欲を高める「気づき」

筆者が変革に取り組む中、対話型研修の効果測定データを分析すると、組織をより良くするために行動しようとの意欲の高まりとともに、「対話におけるハッとした気づき、ストンとした肚落ち」が、そうした行動意欲を高めることに最も貢献することがわかりました。

つまり、理屈や説得よりも、コーチングやファシリテーションを活用し、問いかけて考えを引き出し、今までの考えの誤りに自ら気づき、どうすればいいか自分で答を見つける方が、本人の自発性や熱意をより多く引き出すことを意味します。

実際、対話の進行役を務め、気づきを得た瞬間の目の輝きや、飾り気ない率直な本音の言葉に共感し合う場の空気の変化を肌で感じ、参加者の意識変容は本物だと強く思いました。

4 気づきを与える「対話」

意識変容とは、これまでの常識・価値観の前提や根源を問い直し、誤りに「気づき」、それを捨て、全く新しい考え方を身につけることです。

ここまでに挙げているエクササイズを実際にやってみている方でしたら、それらを通して、ハッとしたり、モヤモヤが晴れて肚落ちしたり、突如、悟りが開けた感覚などがあったかもしれません。

こうした「気づき」は、他者から問いかけられ、自分の頭で考え続けることによって答を自分の中に見出したものです。もちろん一人でも思索できますが、誰かに、ふだん本人が深く考えていない論点を掘り下げる「問いかけ」をしてもらい、答を押し付けられることなく、引き出してもらえたら、より早く根源に迫り、「気づき」に至ることができるでしょう。

もちろん、あなたが誰かに問いかけ、その人の気づきを促すことも可能です。

どのような対話の進め方が、気づきを与えやすいのかは、第5章で詳述します。

5 コーチング技術の活用

前章で説明した「現状・ありたい姿・ギャップ」を対話しながら整理する方法は、コーチングでよく用いられる手法です。

「あなたは何が目標ですか。どうしたらそうなりますか」と質問を重ね、正しい認識に導くその手法は、一種のソクラテス式問答（これも第5章をご参照）です。その際、傾聴・質問・承認など、よく知られるコーチングの基本的な技術を駆使します。

他者から与えられた結論ではなく、自分が発見した考えだからこそ、実行しようという意欲も高まるわけです。

エクササイズ

職場のメンバーや自身の子どもに「気づき」を与えるため、「問いかけ」をしていますか？　どんな問いかけが有効だったか、振り返ってみてください。

3 行動変容

「行動変容」には、自らの意思で日々、新たな行動を積み重ねる「習慣化」が必要です。それには、本人の努力に加え、率先垂範、価値観浸透、フィードバックなど、一人ひとりの状況に応じたきめ細かい支援（コーチングなど）があると、より速く進めます。

1 行動変容とは？

行動変容とは、「行動を望ましいものに改善」することです。もともとは、喫煙などの無意識に繰り返される悪しき生活習慣から、健康維持のために禁煙を定着させる際、保健指導で活用される考え方でした。

コロナウイルス対応において、ソーシャル・ディスタンスやマスク着用、手洗いなどの新しい生活様式が、瞬く間に人々の「当たり前」になったことは記憶に新しいと思います。不慣れで不便な行動を人々が受け入れ、日々の行動に定着させた成功要因を考えてみます。

それは、このままではいけないとの危機意識、自分の行動が他者を危険にさらすとの当事者意識、やればできるとの自信、みなで協力して日常を取り戻すとの目的意識の共有、などでしょうか。もちろん、同調圧力もあったかも知れません。

いずれにしろ、このかつてない意識の高まり（＝意識変容）によって、強制されずに一人ひとりが自らの意思で新たな望ましい行動を積み重ね、結果として、大きな社会変革が成し遂げられました。

まさに、「心が変われば、行動が変わり、習慣が変わる」好例で、組織文化の変革のヒントになります。

2 習慣

望ましい行動の反復と正しい理念浸透を繰り返し、「習慣」的な動作や思考といった無意識を司る脳の領域に働きかけることで、組織文化の「当たり前の考え方」を築いていきます。

❶ 無意識の習慣とは

たとえば、朝、何も手順を考えずに、顔を洗い、歯をみがく一連の行動が、当たり前のル

図23｜習慣のループ

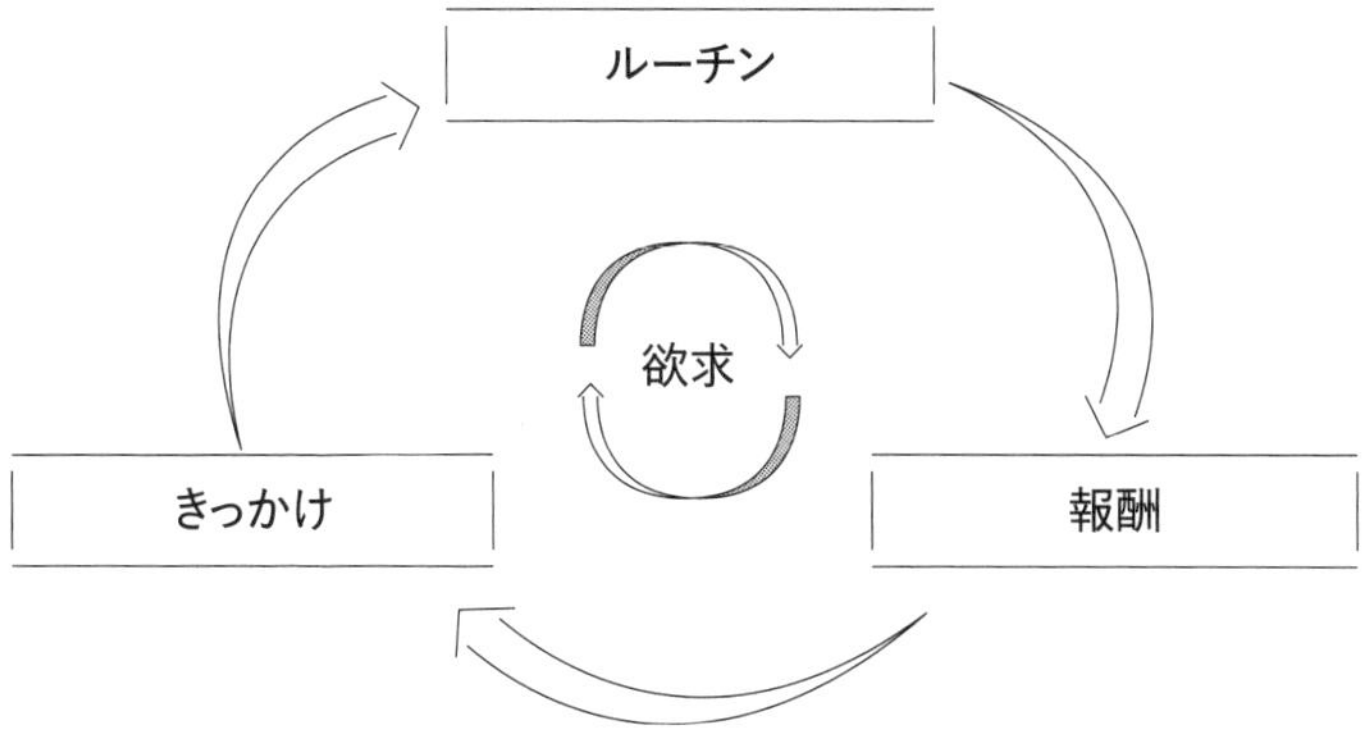

ーチンになり、そうしないと気持ち悪さを覚えるような固定的な行動パターンになったものが「習慣」です。これは反復習得の結果、複雑な作業も無意識に機械的にこなすよう、脳のプロセスが自動化された結果です。

この習慣行動は、熟慮思考による前頭葉の情報処理の負荷を大幅に下げて省エネを図るため、脳の中心部（基底核）で行われます。その結果、1日の行動のうち、無意識の習慣が約4割を占めています。

❷ 習慣のメカニズム

習慣は、「**きっかけ**（刺激・状況）→**ルーチン**（行動）→**報酬**」のループ（自動回路）が回り、人を特定の行動に駆り立てます。あるきっかけで行動した結果、うまくいった達成感が脳への「報酬」として与えられます。その後、同様のきっかけのたびに無意識の「ルーチン」(習慣)になり、そのたびに得られる「報酬」が行動習慣を強化し、脳の自動回路をつくっていきます。つまり、「くせ」になるわけです。〈図23〉

自動車の運転で、黄色信号の交差点を無事に走り抜け、「うまくいった」成功体験に味をしめ、次も黄色信号(きっかけ)を見たら、無意識のうちに信号無視がルーチンになるのが一例です。良い例ではありませんが、喫煙や過食、麻薬、賭け事などのさまざまな「依存」も、得られる「報酬」が脳内に一時的な、けれども強力な快感をもたらすものであるため、簡単にこのループができあがってしまいます。

「わかってはいるが、やめられない」ように、いったん身についた習慣を、意思や理屈で改めるのが難しいのも、ここに理由があります。

❸ 習慣を変えるには　新しい行動の選択

こうしたメカニズムの「習慣」を変えるには、ルーチンの「行動」を意識的に入れ替え、新しい行動を繰り返し、脳神経の自動回路を育てていくことが必要です。たとえば、「階段で手すりにつかまる」習慣をつくるなど小さなことから始めて、**当たり前の水準を少しずつ上げること**が、安全最優先の意識と行動、つまり安全文化を育てる定石となっています。

❹行動宣言

習慣化を目指す新しい行動は、「こうしなさい」と他者から指示・強制されるよりも、前述の意識変容に基づき、「こうしたい、こうありたい」といった本人の意思・意欲・目標に基づいたものであるべきです。

そのため、意識変容のための対話を通じて、「この目標を目指して、あなたは具体的に何に取り組みますか」と問い、本人が自分の頭で考えた「行動」内容を定め、その日々の実践を自分や周囲に約束（＝行動宣言、目標化）することが効果的です。そして、定期的に実践状況を本人が上司などと振り返り、ＰＤＣＡのサイクルを回します。

3 習慣化の支援

❶個別のきめ細かい日常支援

保健指導では、行動定着が途中でくじけないように、本人の進捗ステージに応じて、意識や行動の効果的な変容を支援する働きかけ方が確立しています。〈表14〉

スポーツでも、選手の習熟度に応じて適切な声かけをし、自発的に成長を促すコーチングが行われ、また、職場の人材育成に応用されています。

組織文化変革でも同様に、一人ひとりをきめ細かくリーダーが観察、把握し、望ましい行

表14｜行動変容の段階に応じた働きかけ

	ステージ	状態	特徴	次のステージへ進むための働きかけ
1	**無関心期**	行動を変えようと思っていない	否定的な発言が多い	• 行動を変えることのメリットを伝えたり、「このままでは、まずい」と気づきを与えると効果的
2	**関心期**	必要は感じているが、行動には移していない	言い訳が多い	• このまま行動が変わらなければ、よくないというイメージをもたせ、さりげなく「行動変化」を提案（動機づけ）。 • 行動を変化できた自分を、ポジティブにイメージさせると効果的
3	**準備期**	行動を変えようと思い、自分なりに行ってみる	継続する自信がない	• うまく行動できるという自信を持たせるために、褒めたり、認めることが効果的（自己効力感） • やらせるのではなく、「行動目標」を周囲に宣言してもらう
4	**実行期**	行動を変えて、6ヶ月未満	頑張っている（まず、やってみよう）	• 継続できるよう支援し、逆戻りしない対策をすべき • 継続していることに「ごほうび」を与えることや、周りからのサポート体制など、環境づくりも大切
5	**維持期**	行動を変えて、6ヶ月以上継続	生活の一部となる（習慣化）	

出典：厚生労働省（e－ヘルスネット）『行動変容ステージモデル』を基に作成

表15｜行動変容の支援技術

	求められる技術	内容
1	コミュニケーション	メッセージをやり取りして共有する
2	カウンセリング	傾聴することで受容的、共感的に接し、信頼関係を築く
3	アセスメント	行動とその背景、行動変容ステージなどを見極める
4	コーチング	質問をして答を引き出し(=気づき)ながら、自己決定や自己解決を支援する
5	ティーチング	情報提供や指示・助言により、答えを教える
6	自己効力感を高める	自信を与え、やる気を引き出す
7	グループワークの支援	グループを運営し、グループならではの効果を引き出す

出典：厚生労働省『標準的な健診・保健指導プログラム』を基に作成

動習慣が定着するよう、さまざまなテクニックを駆使して、メリハリある日常支援を続けることが重要です。〈表15〉

❷ 上司の率先垂範

行動習慣化は、各職場での日常でも実践できます。組織が期待する行動を、上司が率先して模範を示し、ロールモデルとなります。すると、「あの人のようになりたい」、「こうするのが格好いい」と、みなの目標になり、徐々にその行動が周囲に浸透します。

逆に、上司やリーダーができない、やらないことをメンバーに強いては、かえって逆効果です。組織を変えるときは、まず上から変わる姿勢を見せなければ効果は出ません。

❸ 価値観や行動規範の浸透

たとえば、ＪＡＬではフィロソフィ（理念・行動規範）を判断軸とし、全社員がそれを実際に自分の仕事にどう落とし込むか、対話する勉強会を１０年以上続けています。それに加えて日常では、運航前のミーティングで、各クルーが定めた安全行動宣言を確認の上、「今日はフィロソフィに即して、具体的にこう取り組みます」と互いに約束します。運航後の振り返りでは、各自が約束通りできていたか、同僚が感じたことを伝え合います。

このように価値観を共有し、その下で各自が行動宣言し、日々、行動に移し、成果を認め合って「習慣化」を図り、さらに高みを目指す「成長」のループが確立しています。

同社に限らず、朝礼や作業前のＴＢＭ（ツールボックスミーティング）、夕礼での振り返りなどを行う組織は多いですが、それを形骸化させず、個々の成長を支援する形で丁寧に行うことが肝要です。

❹ フィードバック

望ましい社員の行動があれば、上司が高頻度でフィードバックし、行動内容の重要性や意義を具体的に説明し、行動「直後」に褒めます。そうすることで、「自分は目標を実現できる」との自信（＝自己効力感）や、仕事を通じた成長を実感し、行動意欲が高まります。逆に、できなければすぐにどこが良くなかったか説明し、次への期待を伝えます。

図24｜上司による効果的なフィードバック

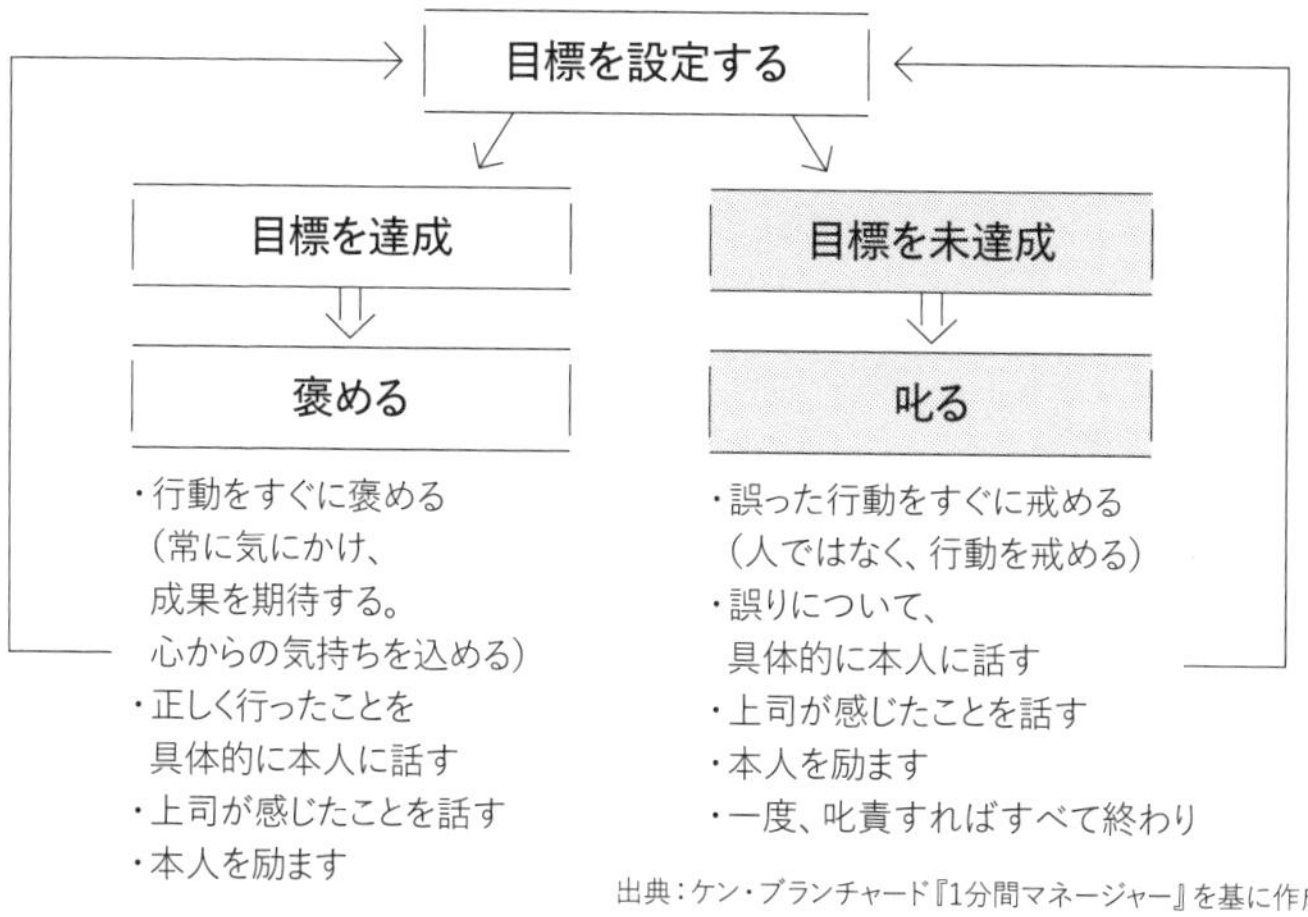

出典：ケン・ブランチャード『1分間マネージャー』を基に作成

5 褒め言葉や評価による習慣化支援

褒詞や評価を受けるとポジティブな感情が湧き、神経伝達物質（脳内ホルモン）であるドーパミンが脳への報酬として分泌され、「また、やりたい」と習慣を司る神経回路を強化し、その繰り返しで行動習慣化につながります。

そのため、メンバーの実践を日々、観察し、声をかけるなど、期待される行動が実践反復されるよう上司が支援することで、パーパスや理念などの組織目標を実際の仕事の形で落とし込むことができます。〈図24・25〉

図25｜目標達成の経験がやる気を高めるメカニズム

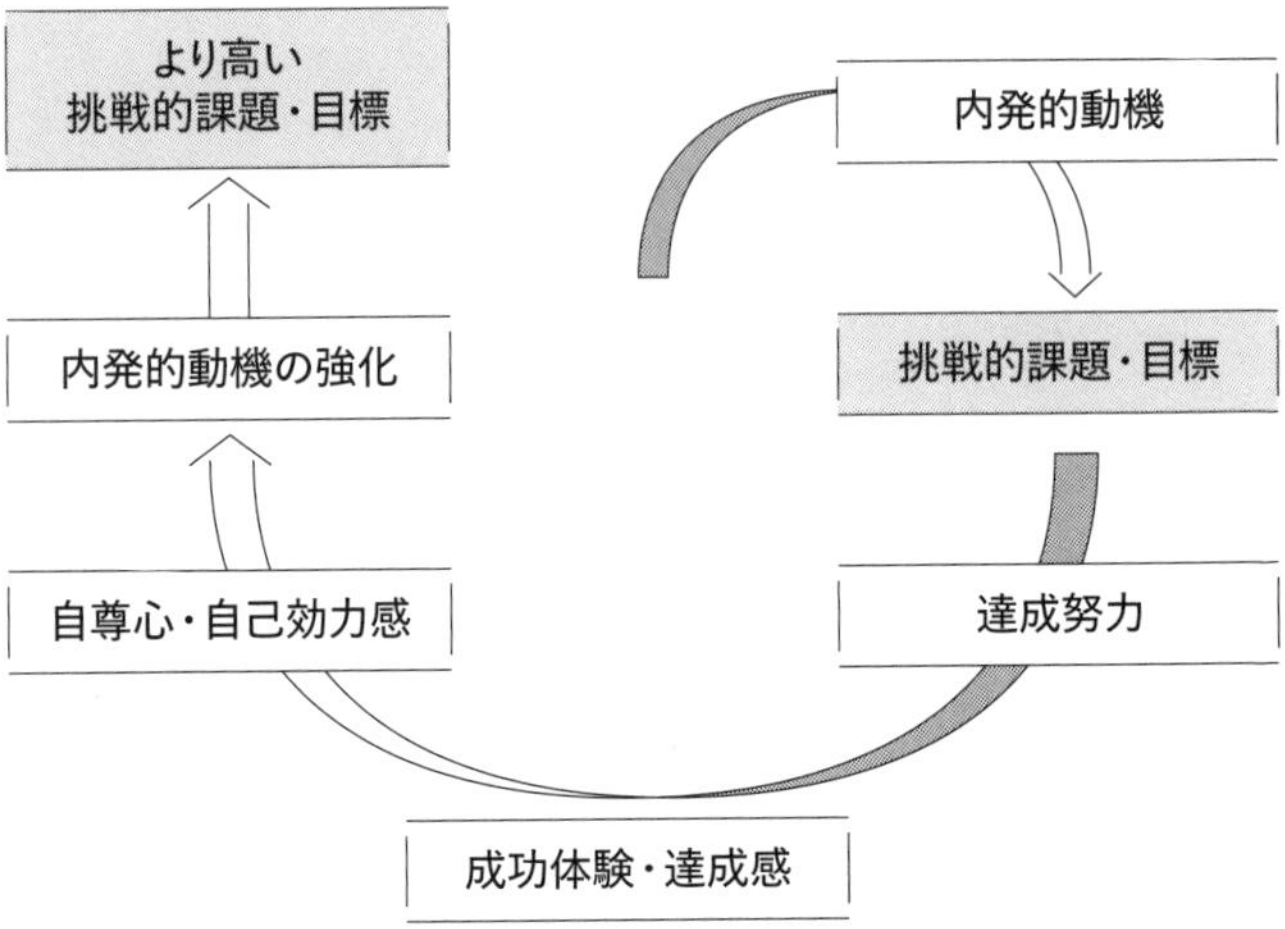

VIEW POINT ⑧ 自分が変わらなければならない「適応課題」

組織文化変革の際、他者を変えようとするのではなく、まず、「自分が変わる」との発想転換が求められます。それについて、「技術的問題」と「適応課題」に区別し、問題の性質に応じて課題に対処すべきと提唱する、ハーバード大学のロナルド・ハイフェッツ上級講師の考え方が示唆を与えてくれます。〈表16〉

「技術的問題」とは、今、手持ちの知識や技術を当てはめて解決できる問題のことです。たとえば、車が故障したら、マニュアルに沿って点検し部品を交換する、といったものです。もう一方の「適応課題」は、そもそも従来の価値観やものの見方そのものに根ざした問題であるため、手持ちの知識や技術では対応できません。これまでのやり方では解決できないので、白紙から原因の仮説を立て、対策を考え、従来の価値観を変革し、時には根本から手放す必要があります。

たとえば、社員が積極的にものを言わず、突然、離職するケースを考えてみます。

通常、原因は本人にあると考え、面談などの既存の仕組みで不満を吸い上げるのが、「技術的問題」と捉えた対応方法です。それにもかかわらず、離職は止まらず、他の対策が手元

表16｜技術的問題と適応課題

	技術的問題	適応課題
問題の特定	明確	学習が必要
解決方法	明確 （既存の知識を適用する）	学習が必要 （新たな方法を学ぶ）
作業の中心	権威を持つ人	問題の当事者
リーダーの役割	問題の特定と解決策の提示	適応課題の明確化 （カギとなる質問と問題の整理）

出典：ロナルド・ハイフェッツ『最難関のリーダーシップ』を基に作成

にないので、原因は転職市場やZ世代のせいだと「他責」で考え、ふたをするのが現状ではないでしょうか。

そこで、発想を変えて、「適応課題」として捉えます。「本人に原因がある」とのステレオタイプの見方をいったん捨てて、「会社や上司に課題があるのではないか」との仮説から始めます。そして、課題のある自分が変わらなければ問題は解決しない、と「自責」の姿勢で考えます。

そうは言っても、どう変えたらよいのか、最初から答えはないので、試行錯誤し、その都度、反応を確かめます。

こうして対処方法を探す中で、だんだんと課題の本質が見えてきます。有効な解決策も磨かれます。これが「適応課題」です。

そこで、これを「組織文化」に当てはめてみます。問題現象は複数の原因が絡まり合い、根源には人々が当たり前の前提にする価値観に根ざすものも多く、組織ごとに状況や課題が異なります。そうした状況で、経営理念や行動規範の冊子配布や読み合わせといった取り組みをする企業が少なくありませんが、それは、「技術的問題」への対応方法です。

むしろ、人の意識や行動は、外部からの型通りの働きかけでは変えられない「適応課題」と考え直し、取り組みを進める上司や経営者自身の考え方や行動を、「自ら変えて」行くことが求められます。

「他人と過去は変えられないが、自分と未来は変えられる」との言葉を支えに、筆者は組織文化変革を試みました。そこで未経験分野の勉強をし、実践の中で自分の行動スタイルを変えた結果、取り組みが効果を挙げたことが印象的でした。他者に変化を強いず、「まず自分から変わること」が重要だと実感しました。

組織の一人ひとりはもちろん、特に経営層などの改革リーダーや職場の上司のみなさんは、既成概念や常識にとらわれずに「適応課題」に向き合い、考えや行動面で「自ら変わる」意義を認識していただきたいと思います。

そうした一人ひとりの変化の積み重ねが、組織文化の変革なのです。

第3章

変革のステップ3
組織文化を進化させる

変革が成功しても、終わりではありません。努力を止めた瞬間に劣化が始まり、イノベーションも起きません。

そこで、終わりなき向上努力を続けていくのは何のためか、組織がある限り、全員で追求し続ける究極の目標とは何か、考えを深めていきます。

1 組織文化の発達ステージ

組織文化は、理想状態に一足飛びに変化するわけではなく、時間をかけて徐々に向上していきます。そこで、組織文化の段階的な発達や、自律した一人ひとりが高め合う「ありたい姿」のイメージを共有します。

組織文化が発達した姿

❶ デュポン社による組織文化の発達モデル

化学企業のデュポン社は、日々、実践を求めるコアバリューの第一に安全を挙げ、「安全は経営そのものであり、安全の価値観が組織に醸成、定着し、自然体で行動できる文化」の構築を目指しています。

同社は、組織文化の発達段階を、観察される職場行動に基づく次のモデル（ブラッドリー・カーブ）で示します。

- **第1段階**（反応型）　本能に基づく行動。何か事が起きないと動かない
- **第2段階**（依存型）　監督者の指示や規則にしたがい、言われたことを行う
- **第3段階**（独立型）　自己管理でき、言われなくても進んで行動し、自分だけの取り組みができる
- **第4段階**（相互啓発型）　チームのメンバーが互いに信頼し合い、チームへの責任とリーダーシップを受け入れる能力がある。組織への誇りがあり、仲間への思いやりや相互注意などの働きかけができる〈図26〉

このように高い水準の組織文化は、一人ひとりが自律し、互いに敬意を払う職場のものだと同社は言います。なぜならば、前向きで建設的な職場環境は、社員の達成感と会社の成功に協力する意欲に影響し、組織目標達成を左右するからです。そのため、仲間に敬意を示し、相手の考えを尊重し、貢献への評価を伝える組織文化づくりを目指しています。

2 高い安全性が要求される組織の理想像の要件

原子力安全システム研究所は、安全文化や高信頼性組織、レジリエンスの高いシステム、高い安全性が求められる組織でのリーダーシップなど、各研究での調査項目などを整理した結果、高い安全性が要求される職場の理想像に備わる9要件を抽出しました。

図26｜デュポン社が提唱する組織文化の発達モデル

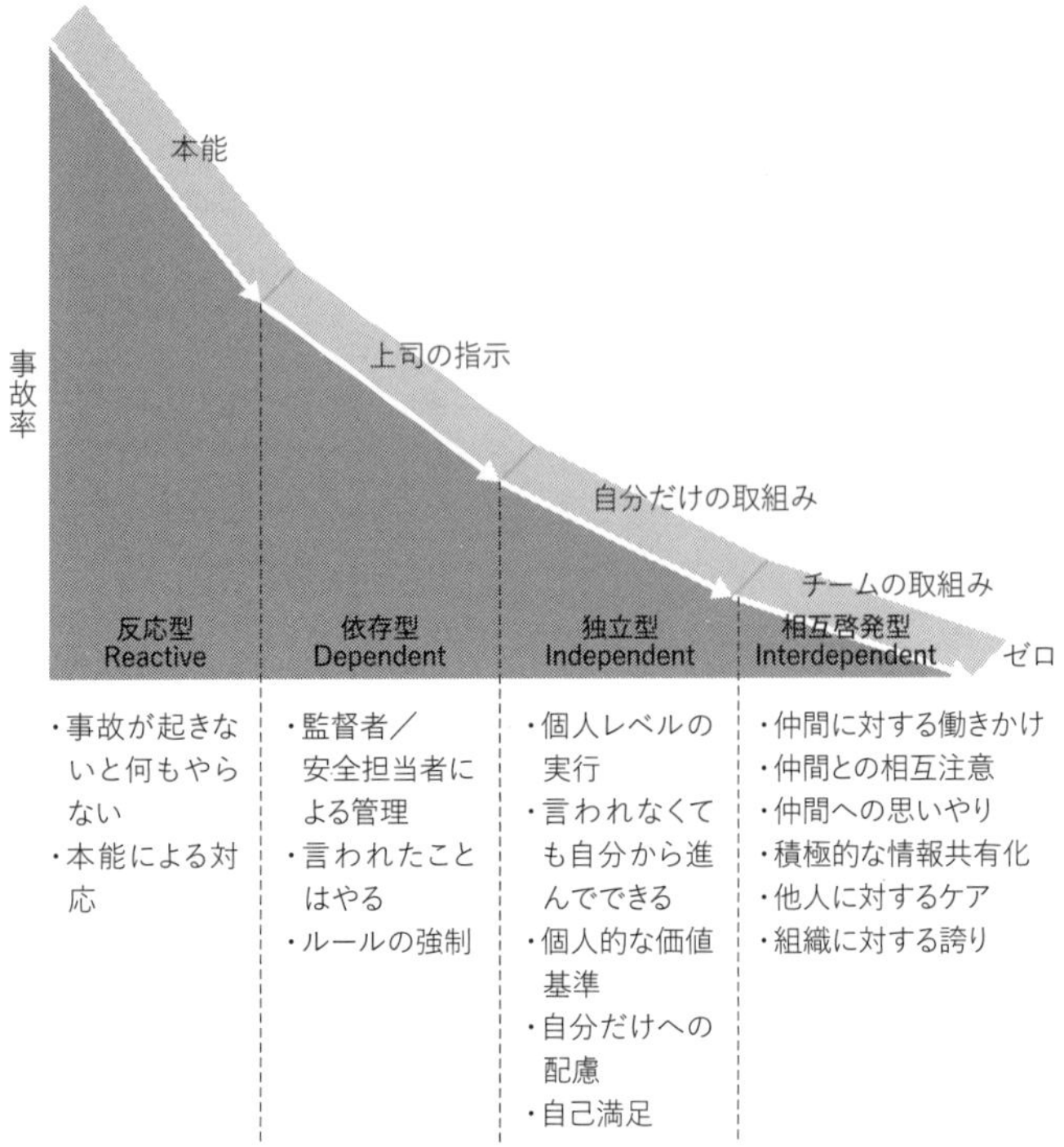

出典：https://www.jstage.jst.go.jp/article/safety/47/2/47_66/_pdf/-char/ja

①安全のためのシステマティックな構造基盤を整備する
②共有のビジョンをもつ
③管理層は安全性の改善に真剣に取り組んでいる
④率直に話し合い、情報を広く共有する
⑤環境の変化に応じて、ふさわしい修正や改善を行う
⑥問題の原因追究を行い、ミスや失敗から学ぶ
⑦管理者は良好な関係と職場環境をつくり出す
⑧職場の人間関係が良好である
⑨従業員は、一個人として業務に必要な役柄をこなす

どうでしょうか。前述のデュポン社の発達モデルの第4段階をより具体的に表現すると同時に、職場目標が「安全」以外のものであっても、これは理想像ではないでしょうか。

2 何を目指して努力し続けるのか

当たり前となった心地よい日常から踏み出して、自らを高め続けるには、一人ひとりに強い内発的動機（モチベーション）が必要です。仕事を通じて何を成し遂げたいのか、人生を歩む中でどのような人間に成長したいのか。個人として、組織として自律的に成長し続ける目的や熱意の源を追究すると、「ありたい姿」としてのパーパスに行き着きます。

1 なぜ、変革し続けるのか

❶ 努力を止めると、どうなるか

前項の発達モデルや理想像と比較すると、組織の現状は「ありたい」理想的状態にはまだまだ、道半ば、といったところでしょう。

けれども、1回の取り組みで理想が達成できるわけでもありません。さらに、競争にさらされ、変化し続ける環境の中で、組織は同じ状態に留まるわけにはいきません。組織が自己変革への努力を止めた瞬間、劣化が始まり、成長やイノベーションも起きません。

そんな中で、なぜ、大変な思いをして変革や改善をしなければならないのでしょうか？

あなたは、同僚や部下にそう言われたら、どう答えますか？

一人ひとりが変革の目的と意義、つまり「こうありたい」と願う理由を自分事として、真剣に自問し、肚落ちする必要があります。その問いとは、あえて言えば、**「人（組織）は何のために生きるのか」**です。

❷ 変革の本質・目標をどこに置くのか

置かれた環境や経営方針により、組織文化変革の目標への方向や距離はさまざまです。そもそも将来、実現したい「ありたい姿」は、組織自身が決めるものです。本書で、読者のみなさんに向かって、わたしが言うべきことではないのかもしれません。

それでも、組織全体の意識・行動変容を計画し、直接、膝づめの対話で一人ひとりの意識変革の場面に立ち会い、他の組織の変革事例にも学んだわたしが強く共感する、本質的に共通する「ありたい姿」をお伝えします。

それは、「**人を中心に据え、正しい方向に向けて、より良く成長し続ける組織文化**」です。「より良く成長」とは、働く一人ひとりが幸せを実感できる健全な組織が効果的に運営され、さらに自己革新力を高めていける状態にある、ということです。

ですから、変革（＝成長）を目指す上でのキーワードは、次の４つになります。

- 人間尊重
- 民主的
- 当事者意識
- 社会貢献

こうした理想は一日にしては実現しませんが、だからこそ諦めず、ありたい姿に一歩でも近づこうと、人格的完成や組織変革を目指し、日々、努力を続けるのではないでしょうか。

2　共に目指す不変の目標　パーパス

❶ パーパスとは

組織文化変革へ息長く取り組む上で、一人ひとりの社員が共感し、共に目指す不変の目標とするものとして「パーパス」が有効です。

パーパスとは、ミッション・バリューなどの経営理念の一種で、社会における自社の存在意義や、果たそうとする遠大な志や信念など、より根源的なものとなります。一人ひとりが働く意義や永遠の指針を示すもので、組織文化の究極の「ありたい姿」を描いたものとも言えます。

組織のパーパスが自分の価値観と整合し、心から共感できれば、パーパス実現のため、一人ひとりが誇りをもって自分の仕事に積極的に打ち込み、向上努力を続けられます。

❷ 終わりなき努力は社会貢献のため

ジェームズ・リーズン教授は、安全を最優先させる組織文化をこう表現します。

「安全文化とは、事故への恐れを忘れず、安全性向上への努力を継続することであり、組織全体の価値を共有することにより、努力を続ける力そのものである」

つまり、組織文化とは、CTスキャンで切り出したある時点の断面図ではなく、常により良い姿へと絶えず向上していくダイナミックな「ベクトル」だということです。

しかも、文中の「組織全体の価値」（＝安全最優先）」を「パーパス」と読み替えれば、あらゆる組織文化に当てはまる話です。組織が共有するベクトルの目標とは、社会を支える企業として、「あらゆる人々の命とくらしに貢献する」パーパスに向かうものです。

目標を共有し、同じ方向を目指して一人ひとりが永遠の向上努力を自発的に続けるのが、あるべき組織文化の姿、ということです。〈図27〉

❸ 自律性発揮への期待

安全分野では、「失敗の数を減らし、事故を起こさせない」従来型の安全（Safety Ⅰ）から進化させ、人が状況に応じて臨機応変に柔軟に対応して**積極的に「成功の数を増やす」**新しい考え方（Safety Ⅱ）が普及しはじめています。

それは、規則やマニュアルで縛り、悪い事を「やらせない（＝他律）」方向に代え、**目標（＝ありたい姿）を共有した自律的・自発的な一人ひとりが、自分の頭で考え、進んで善いことを行う潜在能力に期待**するものです。それによって、人や組織の「レジリエンス（＝弾力性、柔軟性、復元力）」を高める方向にあるものです。

これは、安全に限らず、不祥事防止・コンプライアンスにおいても、同様にあてはまる考え方です。

図27｜パーパスを目指した組織文化のイメージ

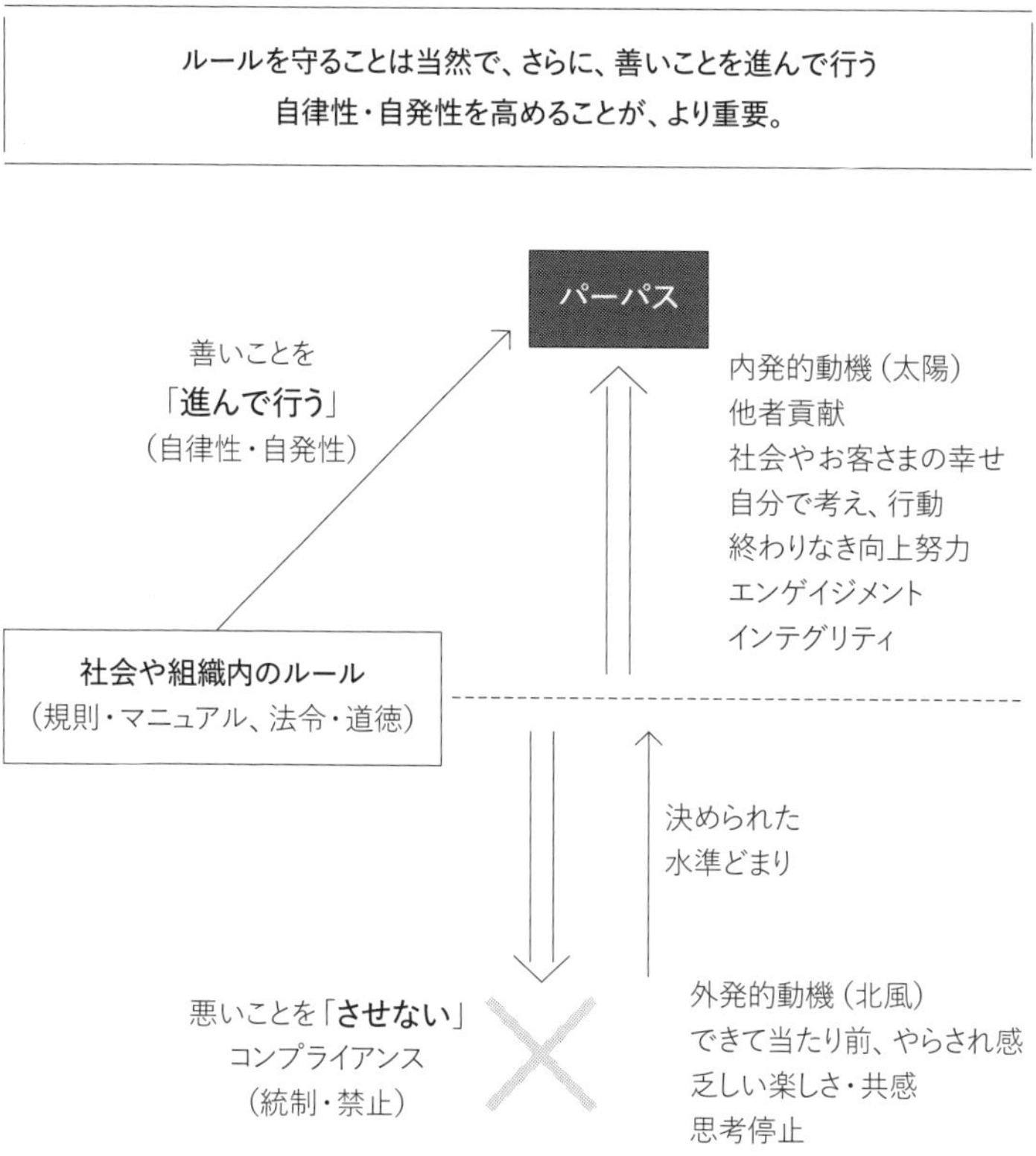

「構成員全員が目的を共有するには、それぞれが社会から何を預託され、自分が全体の中でどこにいるのか、また自分の働きが全体にどのような影響を与えるかを、常に考えているような状態をつくらなければならない」とする畑村洋太郎・政府事故調元委員長の指摘は、こうしたパーパスやＳａｆｅｔｙ Ⅱの考え方と同じ方向です。

4 人的資本経営

これらを総合すると、

① **個人と組織のパーパスをつなげ**
② **人と人との真のつながりを育み**
③ **エンゲイジメントを高め**
④ **自律性を引き出すこと**

が、一人ひとりにとっても組織にとっても望ましいあり方であることが見えてきます。奇しくもそれは、人と組織の潜在能力を引き出す人的資本経営そのものです。

あらゆる企業活動、すなわち財やサービスなどの「価値」提供を通じて社会に貢献するため、一人ひとりがどう行動するか。これを常に自問し続け、向上努力を続けることが重要です。

VIEW POINT 9 パーパス

従来、組織の理念や目標をミッション、ビジョン、バリューの体系で示し、解決を目指す課題や大切にしたい価値観を明らかにして、メンバーの求心力やステークホルダーからの理解の源にしてきました。これらは、考え抜かれた創業精神であり、組織トップが強く願うメンバーの考え方や行動の「ありたい姿」です。高業績を挙げる企業では、こうした価値観が整備され、メンバーに浸透し、日常指針として機能しています。

それらに加えて、さらに根源的な「パーパス」を掲げる企業が、近年、増えています。〈表17・18〉

パーパスが生まれた背景には、行き過ぎた株主至上主義の結果広まった、利益のためなら何をしてもかまわないとの歪んだ姿勢に対する「これで良いのか」との反省があります。

国連では、2015年にSDGsが採択され、持続的な社会の開発のために個人や組織が果たすべき役割を明確にし、今だけ自分だけ良ければよいのではなく、広く環境や社会、次世代に目を向け、調和して生きる流れが生まれました。

さらに2019年、米国の主要企業トップらによるビジネスラウンドテーブルは、「企業の目的に関する声明」を発し、株主至上主義からの決別と、従業員と地域社会などすべてのステークホルダーへの貢献を宣言しました。

さまざまな仕事をする社員にとって、パーパスは自分が仕事を通じてどう社会とつながり、貢献するのか実感を与え、誇りの源となり、判断や行動に迷わない基準となり続けます。

自組織のパーパスが、「人として正しい生き方は何か」との自問への答えと言えるとき、すなわち、自分の価値観と整合し、心から共感できれば、その実現に向けて、終わりのない努力を続けられるのです。

表17｜パーパスの位置づけ

ビジョン		
コアバリュー	**パーパス**	**ミッション**
•組織の指針となる**原則**。組織を導く**哲学** •組織の特徴を形作る人々個人のコアバリューを反映する •高い犠牲を払っても堅持される。慣行や戦略は変わっても、コアバリューは不変 •時代を超える	•**組織が存在する根源的な理由** •案内星のように、**常に追求する対象**だが、決して手に入らない •完璧に遂行すると、傑出した世界に2つとない組織になる •100年にわたる**組織の指針**	•大胆で説得力のある野心的な**目標** •明確な**ゴール**と具体的な**期限**がある。達成されると、新たなミッションが設定される •4つのタイプ ①目標 ②共通の敵 ③ロールモデル ④内部変革

出典：「ビジョナリー・カンパニー　Zero」　ジム・コリンズ（2021年）

表18｜さまざまな企業のパーパス

パーパス
•我が故郷、地球を救うためにビジネスを行う（パタゴニア） •サステナビリティを暮らしの“あたりまえ”に（ユニリーバ） •イノベーションによって社会に信頼をもたらし世界をより持続可能にしていくこと（富士通） •スポーツを通して人々の人生を変える（アディダス） •クリエイティビティとテクノロジーの力で、世界を感動で満たす（ソニー） •食の持つ力で、現在そしてこれからの世代のすべての人々の生活の質を高めていきます（ネスレ） •人々の生活を豊かに。イノベーションをドライブし続ける（日産自動車） •お客さまの「あったらいいな」を超えて、日常の未来を生みだし続ける（セブン銀行）

第4章

組織文化変革 ケース集

実際の企業改革で、人の心に働きかける組織文化変革がどのように行われ、どのような役割を果たしたのでしょうか。いくつかの企業の例をご紹介します。

「経営者のリーダーシップ・ビジョン、外部目線、目標共有、一人ひとりの尊重、人と人とのつながり、対話、エンゲイジメント、自律性、向上意欲、経営戦略との連動、行動の定着化、率先垂範」など、各改革に共通する特徴は、今後の改革デザインへのヒントになるでしょう。

1 IBM

創業者が確立し、過去の成功の源となった組織文化が硬直化し、環境変化の中で逆に悪影響を及ぼしていたため、この文化をリセットすることで経営危機を脱したIBMの取り組みを取り上げます。

1 IBMの組織文化変革の背景とねらい

大型コンピュータ市場で圧倒的地位を築いたIBMは、1990年代、パーソナルコンピュータ（PC）の急速な普及など、ダウンサイジング化やオープン化の構造変化の中で、従来の垂直統合的なビジネスモデルから転換できず、深刻な経営危機に陥ります。

経営再建のため、1993年に外部から招聘されたルイス・ガースナーCEOは、「企業文化は経営のひとつの側面などではなく、経営そのものだ」と最重要視し、組織文化の変革に取り組みました。

❶ 変質し硬直化した創業者の理念

同社は、創業者の基本信条であった「完全性の追求」「最善の顧客サービス」「個人の尊重」の3つを経営理念として、成功、発展を続け、これが強く企業文化に定着しました。

ところが、理念の文面は妥当でも、いつしか形骸化して本来の趣旨から外れ、事業運営面に深刻な障害を及ぼすようになりました。

同社の改革をけん引したガースナーCEOは自著『巨象も踊る』の中で、「成功をもたらした文化をルールにする動きは、価値観と行動様式をめぐって起こる〝死後硬直〟とも言えるものだ」と手厳しく評しました。

たとえば、「完全性の追求」が変質し、完全性にこだわるあまり、細かな手続きを重視して意思決定が遅く、窒息しそうな官僚的な文化になっていました。他の2つについても、同様でした。

❷ 病んだ組織文化の症状

高い利益率と市場シェアが保証された環境下で、外界から隔てられて内向きになった巨大組織内では、独自に進化した独特の文化が形成されました。統括するだけの幹部は自ら動かず、顧客は二の次になり、みな社内政治に没頭し、誰もが「ノー」と拒絶し、各部門が縄張り争いをし、社内独特のＩＢＭ語で語り、外部の競争相手への強さが失われていきました。

社外から招聘されたガースナーCEOには、この独特な組織文化の不条理さがすぐにわかっても、内部の社員にはその奇妙さやそれが組織の活力を削いでいることが理解されていませんでした。

2 改革とその成果

端的に言えば、官僚主義を排し、変化に挑むため、社員の自律を促す意識・行動改革を進めました。

❶ 改革の方向性

ガースナーCEOは、一人ひとりが自信を取り戻し、無気力状態から目ざめ、自分が何者か思い出し、ハングリーで好奇心旺盛な自立した社員として、チームで考え行動するよう呼びかけました。言われたことをやる追随者の立場から離れ、目標を理解し、共に目標に向かって進む社員行動を求めました。そのため、「**なぜ、変化が必要なのか**」**についての社員の理解を得、変化が受け入れられる土壌をつくる**のに、2年以上をかけました。

形式化された基本信条やルール、プロセスに代え、ガースナーCEOは「市場、品質、顧

表19｜IBMで行動様式に求められた変化

① 古い行動様式	② 新しい行動様式
• 製品本位（使い方を顧客に指導する）	• 顧客本位（顧客の立場で考える）
• 自分の道を行く	• 顧客の方法にしたがう（本当のサービスを提供する）
• 士気向上を目標に管理する	• 成功を目標に管理する
• 逸話と神話に基づいて決定する	• 事実とデータに基づき決定する
• 人間関係主導	• 業績主導・業績評価
• 調和（政治的公正）	• アイデアと意見の多様性
• 個人を非難	• プロセスを批判（誰がではなく、なぜを追求）
• 見栄えの良い行動を、良い行動と同等以上に重視	• 説明責任（つねに岩を動かす）
• アメリカ中心	• 世界的に分担
• ルール主導	• 原則主導
• 個人を評価するよう求める	• 集団を評価するよう求める
• 分析に完璧を期して行動できない（100%以上）	• 緊張感を持って決定し前進する（80%と20%）
• 他社の発明は無視する	• 学習する組織
• すべてに予算をつける	• 優先順位をつける

出典：ルイス・ガースナー『巨象も踊る』

客満足度、株主価値、起業家、生産性、戦略的ビジョン、考えて行動、協力、社員、地域社会」などの判断基準を散りばめた、新たな組織文化の基礎となる8原則を定め、全社員にメールを送りました。

さらに、新たな企業文化に必要な行動様式の変化も説明し、原則にしたがい、自分の頭で考え、行動し、社員自ら文化を変えるよう期待しました。〈表19〉

さらに、ガースナーCEOは経営幹部に対し、従来の同社にはない直截的で熱のこもった檄を飛ばし、競争心に火をつける意識改革を図りました。加えて、「勝利、実行、チーム」の3点をリーダーに求める能力（コンピテンシー）として定め、新たな文化を信奉する幹部の昇進や報奨を行い、行動変容を促しました。

❷ 改革の成果

こうした考え方や行動様式の問題は、**幹部や社員が頭では理解はできても、人間関係や感情を変えていく難題であるため、改革には少なくとも5年かかるとガースナーCEOは**見ていました（実際には、5年で終わらず）。

しかし、変革を組織的、継続的に進め、サービス主導・ネットワーク主導の事業モデルへの大胆な転換などの戦略も奏功し、急激に業績も回復し、再建は見事に成功しました。

2　マイクロソフト

組織文化を180度転換させる変革に挑み、成功した巨大企業があります。価値観の転換、社会貢献の目標共有、一人ひとりの主体的な成長、すべての人の尊重など、これまで本書で説明してきたあらゆる要素を見ることができます。その企業とは、マイクロソフトです。

1　マイクロソフトの組織文化変革の背景とねらい

Windowsの成功で独占的地位を築いたマイクロソフトは、創業者ビル・ゲイツ氏の後任のスティーブ・バルマーCEOの時代に、IT分野のモバイル化やクラウド化の構造変化に乗り遅れ、業績が長期低迷します。

社内に停滞感と危機感が広がる2014年、3代目のCEOに就いたサティア・ナデラ氏は経営戦略の転換とともに、「**CEOのCはカルチャーのC、CEOの役割は文化のキュレ**

ーター（管理人）」と自認し、最優先課題として組織文化の変革に着手しました。

1 対立から共感へ

従来の同社は、プラットフォーム（OS）独占による一人勝ち戦略の下、「我々対彼ら」、「目的達成のためなら容赦しない」など、社外のライバル企業のみならず社内の他部門との「競争に勝つこと」だけに重きを置き、激しい対立（バトル）を助長する傲慢な文化にありました。

保守的になり一種の大企業病に侵された組織文化を改め、リスクを取って挑戦するスタートアップ企業の進取の気性を再び取り戻すため、ナデラCEOは企業の一番根底にある概念を、競争に勝つこととは正反対の、自身が多難な人生経験で培った価値である「共感」に変えようと考えました。

同時に、同社の魂である存在意義を見つめ直し、創業者が定めた「すべてのデスクとすべての家庭に1台のコンピュータを」とのすでに達成済のミッションに代え、社員をやる気にさせる新目標として、「地球上のすべての個人とすべての組織が、より多くのことを達成できるよう（＝エンパワー）にする」と、他者貢献を目指すパーパス的なものに改めました。

❷ 成長する考え方（グロースマインドセット）を軸とした新たな文化

同社は、新ミッションを達成するため、次の5つを柱とする組織文化を築くことを目標にしました。

- 成長する考え方（グロースマインドセット）
- お客さまに寄り添う
- ダイバーシティ＆インクルージョン
- ワン・マイクロソフト
- 世界を変える

中でも、「何でも知っている会社から、何でも学ぶ会社への変化」と言われるように、組織文化変革で一番重視されたのは、1番目の「成長する考え方」でした。これは、妻から贈られた本により「グロースマインドセット」の考え方を知ったナデラCEOが、同社に根づかせたいと希望したものです。

グロースマインドセットとは、ミスや失敗は自然に起こるとの前提で、チャレンジを続ければ新たな能力や成功が得られると考え、諦めずに頑張り続ける気持ちの土台になるものです。これは、自分の能力は成長せず、固定していると思い込み、チャレンジを避け、委縮した「固定マインドセット」の対極にあります。（VIEW POINT ❿参照）

「我々は知らないよね、教えて」、「もっと知ろうよ」と、さまざまなことに好奇心を持ち、学び続け、疑問はすぐ質問し、意見を出し合って協力し、現状に満足せず常に挑戦し、失敗や間違いから学ぶことで、新しい解決策やアイデアを常に生み出し続けることを社員に期待しました。

このナデラCEOが自著で明かした次の考え方に、組織文化に期待する効果や理想が色濃くにじんでいます。

「文化とは、何千、何万もの社員が毎日下す数えきれないほどの判断の総体である」

「私にとって、文化とは、静的なものではない。動的な学びの文化である。社員一人ひとりが、難題に立ち向かい乗り越えようとするマインドセットを持つことによって、個々が成長し、その結果、会社も成長できるからだ」

「文化は、私たちが社外にもつくりだしたいと考えている世界、すなわち、つくり手が素晴らしいことを成し遂げられる世界の縮図でなければならない。だが、同じくらい大切なことは、それが同時に、すべての人が最高の自分になれるような世界であることだ」

2　改革とその成果

トップダウンで進められた改革によって、数年で社員の行動は変わり始め、戦略転換も奏功し、業績が大きく向上しました。

1 改革の進め方

改革を紹介した自著『Hit Refresh』の題どおり、ナデラCEOは「会社をリセットし、新しく創り上げる」ことを目指しました。そのため、トップダウンで一気に改革が進められました。

CEO就任5ヶ月後、全社員宛の初のCEOレターでは、「私たちの文化」と題するパートで、「一人ひとりが個人として変革する勇気を持たなければなりません」、「これまで正しいとされていた価値観を改めて疑うことができますか?」と、改革を呼びかけました（それ以降、CEOレターの最後はいつも「私たちの文化」で締めくくられます）。

特に、グロースマインドセットの浸透のため、ナデラCEO自身が学んだことを振り返って共有し、社内全体にも自分たちの学びの経験を話し合うよう促しました。

さらに、アイデアを統合し展開するエバンジェリストとして「カルチャーキャビネット（企業文化内閣）」を設け、前記の目指す組織文化を設計しました。

そして、行動規範（インクルーシブな10の振舞い）をつくりました。たとえば、「質問する習慣をつくる」、「話す人が、自分が理解されたと思えるまで、注意深く耳を傾ける」、「さまざまな背景を持つ人を受け入れ、彼らから学ぶ」、「各自の貢献を理解する」などです。こうした言葉などを、紙コップなどにも印刷し、常に目に入る状況をつくり、新しい文化にふさわしい行動を意識し、日常で習慣化することで、社員のマインドを変えていくことに効果があったと言われます。

さらに、面談や報酬、昇進などの人事施策のやり方を変更し、新しい組織文化が社員の行動に反映されるようにしました。

こうした組織文化の変化を測るため、「ミッションの認識」、「行動に移しているか」、「自分や会社の大切にしていることをどれだけ伝えようとしているか」を尺度にして、定期的にモニタリングが行われています。

❷ 改革の成果

戦略が大胆に変更され、PC向けのパッケージソフト販売からクラウドやモバイル分野進出へのビジネスモデルの転換や、積極的な企業買収に加え、社会に貢献する目標（ミッション）のため、徹底的に打ち負かす対象だったライバル企業と、顧客課題解決のために積極的にパートナーシップを構築する方針に転換しました。

この結果、14年にわたるゼロ成長に終止符を打ち、新CEO就任時から時価総額が10倍にも増加しました。

組織文化面では、共感を分かち合い、他人の視点を理解するためお互いを尊重して問いかける文化が育まれました。その結果、互いの成功を祈る気持ちでコラボレーションがなされ、開放的な雰囲気になり、イノベーションが促進され、新製品が急増し、細やかな改善も増える好循環が生まれました。

「市場の中にある具体化も充足もされていない人々のニーズを満たすことがイノベーションの本質だから、他者の立場に立って物事を見るという、すべての人が備える最も人間的な性質である共感力が、その源になる」とのナデラCEOの考えどおり、組織はより人間的でイノベーティブに生まれ変わりました。

VIEW POINT 10 グロースマインドセット

「なせば成る、なさねば成らぬ、何事も、成らぬは人のなさぬなりけり」とは、江戸時代の米沢藩主・上杉鷹山の言葉です。財政難の中、不可能とも思える困難にも諦めずに長期を見据えて産業振興に勤しんだ結果、襲われた大飢饉にも一人の餓死者も出さない奇跡を起こしました。

このように、「やればできる！」と信じて努力を続けるのが、「グロース（成長）マインドセット」です。

心理学を研究するスタンフォード大学のキャロル・ドゥエック教授は、人間の能力は不変だと考える「固定マインドセット」と、努力によって能力が向上できると考える「グロースマインドセット」の2つの姿勢がある、とします。

前者の固定マインドセットの人は、生来の能力が高くても、他者の評価を気にし、能力を伸ばす努力を避けるため、成長できません。結果がすべてで、成功したら優越感を持つ一方、つまずいたら失敗だと思います。変わるべきは自分ではなく、世の中のほうだと思います。

一方、後者のグロースマインドセットの人は、勉強や努力に前向きで、困難に直面してもそれに立ち向かい、能力を伸ばせます。結果よりもプロセスで最善を尽くすことを重視し、失敗してもそれから学び、次は成功しようとバネにします。

実際に学生を2グループに分け、それぞれの考え方を植え付けた上で、その後を追跡すると、両グループ間の学力の伸びに顕著な差が生じる、驚きの事実が確認されています。

このマインドセットは、成長期の子どもに限らず、ビジネス界の社会人のパフォーマンスにも大きく影響します。

ドゥエック教授は、本章でも取り上げた、長期にわたる困難な企業改革をやり通したIBMのガースナーCEOを、グロースマインドセットの典型とします。それは、リーダーに必要なのは頭の良さではなく、成長と情熱、と信じ、独善的でエリート主義の社風（固定マインドセット）から、社員の成長を育む企業文化に改めたからです。

また、固定マインドセットにあると、自らの才能と優越さに慢心して、「集団浅慮」（第2部の第3章、第2部第2章参照）に陥る危険性があることにも、教授は警鐘を鳴らします。

これは、安全に対するおごりと過信や固定観念に囚われ、事前の備えを欠いたため起きた原子力事故が、その教訓として、現状を疑い、昨日よりも今日、今日よりも明日と、終わりなき向上努力を続けていく姿勢（グロースマインドセット）を求めることにも符合します。

こうした心の持ちようで、スポーツや対人関係も含め、良くも悪くも、一人ひとりの人生が変わり、組織の運命すら大きく変わることに気づかされます。

失敗の経験を糧に、より良い明日をつくりたいと願ってやみません。

3　スターバックス

急成長したコーヒー・チェーンのスターバックスは、深刻な経営危機に直面した際、CEOに復帰したシュルツ氏の下、原点回帰を基本とした組織文化変革を行い、再建に成功しました。

1　スターバックスの組織文化変革の背景とねらい

「この一杯から広がる、心かよわせる瞬間、それぞれのコミュニティとともに」を経営理念（ミッション）に、同社は自宅や職場ではない、心地よくくつろげる「サードプレイス」の提供を目指してきました。しかし、そうした創業以来の組織文化が劣化した結果、顧客が離れ、深刻な経営危機に陥りました。

❶ シュルツ氏の思いを反映した組織文化

スターバックス社を今のようなグローバルコーヒーチェーンへと育て上げたハワード・シュルツ氏は、店内は単にコーヒーを売る場ではなく、ここにいるだけで素晴らしい体験となる、人と人とがつながるコミュニティの創出を夢見、同社を育てました。

同社は、すべての人々に敬意をもって接し、感情的な結びつきを育み、互いを信頼し、尊敬し合う企業文化を目指しました。それは、顧客のみならず、従業員や社会すべてに向けた「人間重視」の考え方を貫くものです。そこでは「誇り、共感、感謝、思いやり、尊敬、絆」などの価値を重んじる風土が醸成され、進んで顧客に奉仕したいと思う社員の心の源になっていました。

❷ 組織文化の劣化

心地よい空間で親友から振舞われるかのようなコーヒーを介し、人間的な温もりが得られる「スターバックス体験（エクスペリエンス）」が広く支持され、事業は急激に拡大しました。

ところが、成長に固執するあまり、コーヒー抽出の効率性の追求や大量出店に伴う店舗デザインの簡素化などにより、同社が一番に大切にする雰囲気や魂が失われました。

その結果、競合他社と差別化する特別な「スターバックス体験」が損なわれ、ブランドが平凡なコモディティと化しました。同時に、社員の意識にも、成功は当然と勘違いされ、自信が傲慢に変わり、仕事への喜びや創意工夫、誇りが見られなくなりました。

2　改革とその成果

1 改革の進め方

同社が自ら道を見失い、サービスが劣化する中で急速に顧客離れが進み、深刻な経営危機に陥りました。そこで、シュルツ氏が再びCEOに復帰し、企業再建のために行ったことの中心は、組織文化の変革でした。それは、経営不振の元凶が、同社が同社であり続けるための大切な本質、つまり事業の目的や使命、価値、文化、精神が失われつつあることと考えたからです。

まず、社員の意識変容を促すため、2008年2月、米国内の全7100店舗を一時的に閉め、店員全員を再研修しました。それは、完璧なエスプレッソづくりへの情熱と献身を取り戻し、コストよりも倫理的な行動を優先させる魂を蘇らせるためのショック療法でした。

また、仕事の目的意識や創造性を損なう社員の不安を放置せず、未来への強い自信と情熱を持たせるため、過去の失敗を受け入れた上で継続的変化の必要性を共有し、現状に満足せず、前に進む「改革」が呼びかけられました。

そこで、自分たちの目的と存在意義への強い思いを結集し、成長よりもお客さまを最優先する姿勢を取り戻すため、「原点に戻らなければなりません。手を泥だらけにして頑張ろう」とシュルツCEOは訴えました。

❷ 改革の成果

不採算店舗の整理や、新製品の開発、持続可能性に配慮した新しい店舗デザイン、店員の教育に店長のリソースをあてるための業務システムの改善などの経営改革に加え、災害復旧支援や地域コミュニティとの交流などにより、あらゆるお客さまに奉仕しようとする社員の意識や行動も変わっていきました。

その結果、短期間で業績は急回復し、社員も自信と明るさを取り戻しました。

4 ベスト・バイ

一時、倒産寸前まで経営が悪化した米国の家電量販チェーン最大手のベスト・バイは、「人と人とのつながりを大切にする」、「パーパスを共有して協働する」組織文化への変革により、働く人々の活力を引き出し、再建に成功しました。

1 ベスト・バイの組織文化変革の背景とねらい

❶ 改革の背景

アマゾンなどのEコマースやメーカー直販の拡大により、2012年当時、家電量販チェーンのベスト・バイの業績が急激に悪化しました。そのため、他業界で複数の企業再建実績があるユベール・ジョリー氏がCEOに指名され、同社の再建が託されました。

❷ 組織文化の劣化

消費者向け家電市場自体の展望は明るく、むしろ不振の原因は社内にあると見たジョリーCEOは、就任前から覆面で販売店をめぐり、従業員の士気や意欲、サービスの低さを目の当たりにします。

顧客と積極的に関わり、相手のニーズに応える能力や意欲、すなわちエンゲイジメントを会社が従業員に与えられない結果、自ら窮地を招いていることに気づきました。

❸ CEOの描く理想

ジョリーCEOは同社参画以前より、さまざまな経験を重ねる中で、働く人と組織のありたい姿への独自の考え方を形成してきました。

その「会社の目的は、金儲けではなく、公益に奉仕し、すべてのステークホルダーに奉仕すること」や、「企業とは魂のないモノではなく、パーパスに賛同して協働する人を中心に据えた、人間らしい組織」といった理想を、逆境の今こそ追求すべきと考えた、と自著『THE HEART OF BUSINESS』で明かします。

2　改革とその成果

❶ 改革の進め方

店舗閉鎖や従業員解雇など、通常、事業再建に行われるリストラ策をジョリーCEOは採らず、代わりに、従業員の士気を高め、共通のパーパスの下で協働し、人のエネルギーを引き出す意識・行動改革、すなわち組織文化変革が行われました。

それは、ただ仕事に来るだけや、仕事を嫌うスタッフの奥に眠る巨大な可能性を解き放ち、エンゲイジメントの高い従業員に変えることができれば、生産性や顧客満足度、社員の幸福度などを劇的に上げられる、とジョリーCEOは考えたからです。

そこで、まず、現場に示す複雑多岐な管理指標を、収益と利益率の2つに絞り込み、従業員の意識とエネルギーを集中させます。さらに、社内にポジティブな雰囲気をつくり、互いに弱さを見せることを勧め、支援し合う環境をつくり、目前の危機を乗り越えます。

その上で、それぞれが大切に信じることに取り組み、自分のエネルギーや創造性、感情を仕事に注ぎ込める「一人ひとりがいきいきと働ける環境」をつくるため、次の5つに取り組みました。

- 一人ひとりの生きる意味と、会社のパーパスを結びつける
- 人と人とのつながりを育む
- 自主性を育む
- 熟達（マスタリー）を目指す
- 成長できる環境づくり

そのため、「人が第一」という哲学をトップから繰り返し、明確に伝えます。さらに、全従業員には、「自分を突き動かすものは何か」考えるよう促し、職場の仲間と共有し合い、それぞれの個人的背景や思いを深く知り、互いのつながりを築き、一人ひとりを大切にする気持ちを養うよう導きます。

2年かけてつくった「テクノロジーを通して顧客の暮らしを豊かにする」というパーパスの浸透には、まず社員から豊かにしようと考え、そうした会社や一人ひとりのありたい姿を「誰かの背中を押す友人」と描き出し、「人間らしく振舞う」ことを行動指針に定めました。

こうしたことを丁寧に積み上げ、単に製品を販売するだけではなく、顧客に寄り添い、自分の思いや判断で自由に顧客をサポートする精神を築いていったのです。

❷ 改革の成果

この結果、ジョリーCEOが在籍した8年間で、2012年に10ドルまで下落した株価が2019年には75ドルに、利益も3倍に成長しました。

それは、従業員たちが、仕事を喜びと充実感の源と考え、顧客と心を通わせ、気配りに満ち、最善のサポートと最高のサービスを提供しようと意を尽くす姿に生まれ変わったことが、一番の要因です。

5 JAL

JALの経営破綻の背景には組織のさまざまな問題があり、企業再生の柱として全社員の意識改革が大きな役割を果たしました。

1 JALの組織文化変革の背景とねらい

❶ 破綻前の構造的問題　安全アドバイザリーグループの指摘

JL123便の墜落事故（1985年）から20年後、JALは経営不振や重大な運行トラブルを重ね、政府から業務改善命令が出されます。それでもトラブルが収まらず、作家の柳田邦男氏や畑村洋太郎教授らによる諮問委員会・安全アドバイザリーグループが設けられ、精力的なヒアリングや現場視察に基づき、意識・風土改革を通じた安全文化の確立が提言されました（2005年）。

提言では、具体的に次のような改革課題が指摘されました。

- **意識改革**（自分が乗客や家族だったら）　「誰かがやるだろう」から「自分がやる」意識に。「決

められたことしかしない」マニュアル主義からの脱却。相手の立場で考える

- **組織改革**（孤立文化、閉鎖文化は認めない）

顧客中心の考えで、部門間の壁を打破し、全体としての一体感や意識の醸成を

- **ヒューマンエラー**（隙間と落とし穴に気づけ）

危ないことを「危ない」と言える風土づくり

- **情報**（情報は速度と共有で、価値が2倍になる）
- **コミュニケーション**（壁を破る言葉を探せ）

開かれた社風、双方向型対話、社内の壁打破、情報公開、自分の言葉で語る

- **誇りと意欲**（生きがいは安全確保の源流）
- **安全文化**（「2・5人称の視点」を意識に浸透を）

安全文化とは心の習慣。利用者＋プロの視点をもつ。安全と効率の両立を図る。安全文化確立が経営安定化の基盤

2 経営再建の軸としての組織文化変革

2010年、同社は戦後最大の負債（2兆3000億円）を抱えて経営破綻し、会社更生法に基づく再建に取り組みます。大規模なリストラが断行されるとともに、会長に迎えられた稲盛和夫氏は、計数意識を高める全員参加の「アメーバ経営（部門別採算制度）」と、理念と行動規

範（フィロソフィ）の浸透で社員の心を変える「意識改革」の2つを徹底的に行うことで、誰もが不可能と思った経営再建を達成しました。

2 改革とその成果

❶ 改革の進め方

破綻後もなお、社員の危機意識や当事者意識の薄さを感じた稲盛会長は、破綻原因は幹部を含めた全社員の「考え方」の問題にある、と考えました。こうした意識を変えるため、まず幹部への集中研修で自ら講義し、肚を割って語り合い、経営哲学や人としてあるべき姿を訴え、一人ひとりの眼からうろこを落としました。また、現場職場にも精力的に出向き、一般社員に直接、語り続けました。

さらに、経営理念を、幸福追求、サービス、企業価値、社会貢献などのわずか3行のものに改めます。その上で、「人として何が正しいか」という基本的道徳のような行動規範である「フィロソフィ」を定めました。〈表20〉

フィロソフィを浸透させて全社員の意識を変えるため、まず率先して変わるべきリーダー層への勉強会を重ねるとともに、協力会社を含めた全社員が部門や職位を超えてフィロソフィを語り合う勉強会を開き、考えを深め、実践度合いを定期的に振り返ります。

表20｜JALフィロソフィ

第1部 すばらしい人生を送るために	第1章 成功方程式 (人生・仕事の方程式)	人生・仕事の結果=考え方×熱意×能力
	第2章 正しい考え方をもつ	人間として何が正しいかで判断する。美しい心をもつ。常に謙虚に素直な心で。常に明るく前向きに。小善は大悪に似たり、大善は非情に似たり。土俵の真ん中で相撲をとる。ものごとをシンプルにとらえる。対極をあわせもつ。
	第3章 熱意をもって 地味な努力を続ける	真面目に一生懸命仕事に打ち込む。地味な努力を積み重ねる。有意注意で仕事にあたる。自ら燃える。パーフェクトを目指す。
	第4章 能力は必ず進歩する	能力は必ず進歩する
第2部 すばらしいJALとなるために	第1章 一人ひとりがJAL	一人ひとりがJAL。本音でぶつかれ。率先垂範する。渦の中心になれ。尊い命をお預かりする仕事。感謝の気持ちをもつ。お客さま視点を貫く。
	第2章 採算意識を高める	売上を最大に。経費を最小に。採算意識を高める。公明正大に利益を追求する。正しい数字をもとに経営を行う。
	第3章 心をひとつにする	最高のバトンタッチ。ベクトルを合わせる。現場主義に徹する。実力主義に徹する。
	第4章 燃える集団になる	強い持続した願望をもつ。成功するまであきらめない。有言実行でことにあたる。真の勇気をもつ。
	第5章 常に創造する	昨日よりは今日、今日よりは明日。楽観的に構想し、悲観的に計画し、楽観的に実行する。見えてくるまで考え抜く。スピード感をもって決断し行動する。果敢に挑戦する。高い目標をもつ。

出典:JALホームページより抜粋

❷ 改革の成果

勉強会を通じ、「こうした基本的なことができていなかった」、「こうした心構えでいれば、良い仕事ができる」などの気づきを一人ひとりが得るとともに、これまで接することのなかった他部門や協力会社の仲間とも語ることで、社内の一体感や、協力してお客さまサービスや収益を向上させる意欲、全員で心を一つにして経営再建をやり遂げる覚悟が高まりました。

その結果、破綻から2年後に過去最高の営業利益を計上するV字回復を果たし、3年で更生手続きを完了し、株式を再上場できました。

VIEW POINT 11 各事例に共通する特徴

それぞれの環境や課題は異なりますが、改革に成功した5事例を見渡すと、組織文化変革に効果的に取り組む上で参照したい共通点が、いくつも認められます。

- 組織文化の重要性への認識　最優先課題、「経営そのもの」、イノベーションや個人の成長の源、劣化した文化は事業の障害に
- 経営者のリーダーシップ　組織全体を導く共通の目標を掲げてトップダウンで改革を熱心にけん引、社員との直接対話、頻繁なメッセージの発信
- 経営者の思い・明確なビジョン　個人的な経験や思索に裏付けられた確固たる価値観が反映されたもの（自律・チーム、共感、人間重視、利他、など）
- 外部の目線　現状に対する違和感、自責（うまくいかないのは環境のせいではない）
- 目標の共有　利潤などの組織内向きのものではなく、顧客や社会に貢献するパーパス志向の目標（すべての人をエンパワー、暮らしを豊かにする、など）、組織や一人ひとりの存在意義の自問

- 人間重視、一人ひとりの尊重　社員のみならず、顧客をはじめとするあらゆるステークホルダーに対する姿勢
- 人と人とのつながりを重視　社内の壁の打破、孤立から協働・連帯へ、顧客との心の交流、他者への奉仕・貢献
- 対話の重視　トップとの対話、職場での対話による意識共有・相互理解・信頼関係、納得感の醸成、率直な本音
- エンゲイジメント　仕事への目的意識、誇り、熱意、喜び、達成感、内発的動機の重視、いきいき働ける環境は会社がつくるもの
- 自律性　官僚主義や受け身の姿勢の打破、原則に照らし、自ら考えて動く
- 向上意欲　グロースマインドセット、謙虚に学ぶ姿勢、問いかけ合う、成果よりもプロセス重視、現状に満足しない
- 組織文化変革と経営戦略の両面対応　意識・行動と、実際の制度や仕事の仕方を変更
- 新しい文化にふさわしい行動　行動基準の制定、人事評価と組み合わせた定着・習慣化、モニタリング
- 経営層やリーダーによる率先垂範　エバンジェリスト、ロールモデル
- 粘り強い長期の取り組み　社員の反応を見ながらさまざまに取り組みを進化

第5章

現場のリーダーのための組織文化変革テキストブック

組織文化づくりは、トップダウンに加えて、各職場で日常、繰り返す業務運営を通じて、上司がメンバーの意識や行動を高め、自律性が発揮される職場を築く、ボトムアップの取り組みとの両輪で進みます。

そこで、これまでの経営者や改革事務局の方から見た変革とは視点を変えて、「各職場の上司」の方々が、一人ひとりのメンバーの意識と行動を変え、よりよい職場づくりを進めていくための効果的な手法をご紹介します。

1 自律的・自発的行動を引き出す職場づくり

前章の各ケースを見てもおわかりのように、組織文化変革は、全社員が参画し、日々の無数の行動を積み重ねていくことで進みます。実際には、各職場で変革をけん引するリーダー、「上司」のみなさんを中心に行われていくことになります。ここでは、まさにその現場で必要となる実践的な技術をお伝えします。始める前に、まず全体像をお示ししましょう。

1 職場づくりが必要な理由

組織の目的は、もちろん「望ましい事業成果」を生むこと(例 高業績、事故ゼロ)です。この目的を実現するため、設備やシステムなどの「ハード面」とルールなどの「ソフト面」の整備とともに、日々、実際に仕事をする「人」に着目する必要があります。〈図28〉

図28｜組織文化を高め続ける職場づくり

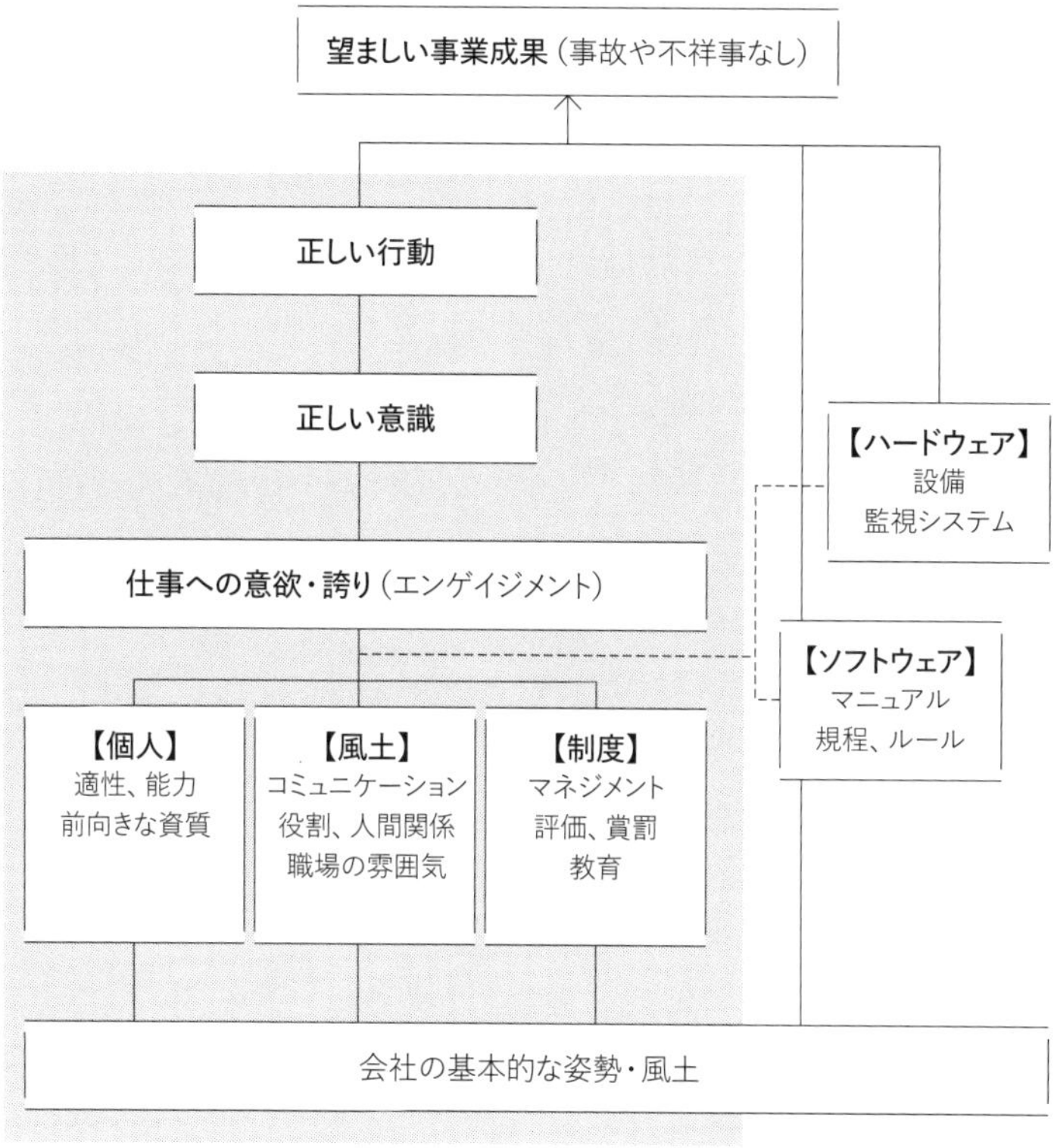

その「人」に影響する要素は、次のような重層的な構造になっています。

- 成果を生むには、一人ひとりが正しい「行動」を自発的に行うこと（例　目的・ルールから逸脱なし）です。
- 自発的な行動は、それを支える自律的な「意識」が基盤となります。
- 自律的な意識を育む土壌には、仕事への誇りや熱意といった「エンゲイジメント」があります（無意識の当たり前の考え方に相当）。
- エンゲイジメントを高めるには、
  - ・自己効力感などの「個人の前向きな資質」
  - ・コミュニケーションや人間関係、雰囲気などの「職場風土」
  - ・マネジメントなどの「制度」

  のそれぞれの改善が有効です。
- これらはすべて、組織の基本的な姿勢（人や仕事、社会などに対するもの）によって影響を受けます。

これを「組織文化」の変革にあてはめると、前ページの〈図28〉の灰色の領域に含まれる、

- 一人ひとりの望ましい行動を定着させること
- 一人ひとりの意識（考え方）の自律性を高め、組織目標に揃えること

といった、これまでに解説してきた意識変容・行動変容に加え、これから解説する、行動や意識を支える基盤である

- エンゲイジメント（誇りや自信など）を高めること
- 人間関係などの職場風土を改善すること

など、幅広い観点から働きかけ、それぞれの要素をより良く改善し続けること、と整理できます。

そこで、パーパスなどの目標を共有し、一人ひとりが意識と行動を自律的・自発的に高め続けるため、上司のみなさんがメンバーをきめ細かく観察し、適切に言葉をかけ、風通しのよい職場をつくる、健全で当たり前の、次のような日常業務を行っていくことになります。

2　取り組んでいただきたい主な事項

すでに、第2部の第3章では「意識変容」「行動変容」により、一人ひとりの意識や行動が向かう方向性は「組織目標」で、その究極はパーパスであることをお示ししました。

一人ひとりのベクトルの矢がこうした「正しい方向」に向かうことに加えて、「太く（＝熱意）」「長く（＝自発性）」伸び続けること（＝継続的改善）が望ましいあり方です。

そこで、意識変容・行動変容を進める中で、こうした熱意や自発性などを引き出すさまざまな取り組み手法を、次項以降で順にご説明します。

①「上司」の役割

・変革に導くリーダーシップ
・職場で促す社員の意識変容

②「意識」に効果的に働きかける

・人を動かすコミュニケーション技術
・対話
・ファシリテーション

③「行動」を高める視点

・社会で生きる力（非認知能力）の育成
・「誇り」を高める

④やる気を引き出す「上司」「風土」

・部下のやる気を引き出す職場づくり
・エンゲイジメントを高める

エクササイズ

取り組んでいきたい事項の具体的なイメージが湧きますか。
すでに意識的に実践している内容があれば、思い出してください。

2 「上司」の役割

変革リーダーとして、上司のみなさんが現場で意識・行動改革に取り組む上での基本認識を共有します。なお、本章でお示しする個別の実践ポイントは、組織文化特有のものではなく、日々の業務運営を支え、効果的なリーダーシップを発揮する組織開発や人材開発上の一般的技法です。ぜひ、ご活用ください。

1 変革に導くリーダーシップ

上司の方には、メンバーを変革に導くリーダーとして発揮していただきたい能力があります。注意していただきたいのは、マネジメントとリーダーシップは違う、ということです。

- **リーダーシップ**　目標に向けてメンバーを導くこと、つまり「変革」の推進

● マネジメント　計画した成果を挙げるために「管理」する日常の技法

リーダーシップでは、組織の方向性を示し、メンバーの自発的な意欲を引き出すことが重要です。力や強制によらずにメンバーに影響を与えるため、リーダーの人格が問われるのは、こうした理由からです。

そして、ここでより重要になってくるのが、リーダーシップのほうです。

組織文化に関する研究によれば、**大規模な変革の成功要因とは、優秀なマネジメントではなく、経営層や管理者による強力なリーダーシップ発揮と、新たなビジョン・戦略の実践であることが**明らかにされています。そのとき、成功するリーダーは、既存の組織文化には完全に同化せず、どこか醒めた部外者的な視点を活用していることも注目されます。

変革へのリーダーシップ　3つの要素

① **方向性を定める**　将来のビジョンをつくり、達成に必要な変革を進める戦略を生み出す

② **人々を目標に向けて整列させる**　言葉と行動でコミュニケートし、ビジョンと戦略を理解させ、チームを生み出す

③ **モチベートする**　変革を妨げる障害を乗り越えるため、人々を鼓舞する

身近に、ロールモデルとなるような、この3つの能力を発揮するリーダーはいますか？周囲に見当たらなければ、スポーツチームの監督をイメージするといいでしょう。スポーツでできることが、ビジネスでもできないわけがありません。

エクササイズ
前記の3つの要素について、自分自身の強み、弱みを振り返ってください。

2 職場で促す社員の意識変容

❶ 一人ひとりの意識変容を行うのは誰か？

まず、最初に、日常業務運営の中での意識変容を考えます。職場の一人ひとりの意識を一番よく知り、より良く変えること（＝成長）ができるのは、経営目標を分担し、日常業務を監督し、人材の成長を支援する「上司」です。

①経営理念や目標の浸透と、組織文化づくりは同じこと

組織文化を持ち出さなくても、各組織が最も大切にする目標である経営理念や、それを具体化した行動規範、毎期の業務目標などを、組織の一人ひとりに浸透させ、成果を挙げることが各職場管理者の上司に期待されています。そのため、目標を一人ひとりに展開し、上司と計画や進捗状況、結果について定期的に面談をすることが多いと思います。

「今期は何を目指しますか」「何が課題ですか」「どうすればできるようになりますか」などといった面談時のコーチングは、第2部の第1章で説明した、現状とありたい姿を対比させる組織文化の変革ビジョンづくりと全く同じです。

両者に共通することは、**掲げる目標（ありたい姿）を一人ひとりが心の底から納得、共感し、強いられることなく目標に向けて、みなが心をひとつに率先して努力する姿勢を支援する**ことです。

②現場が日々、直面する課題の地道な解決を

しかし、職場の現実は理想とはほど遠く、メンバーにとって矛盾に満ちています。

たとえば、「お客さま第一に行動」が組織目標だとします。しかし、実際の職場では、人員や技能、時間、費用、煩雑な調整などの制約の下、目標の理想通りに行動したくても難しいのが現実です。

そこで、よく耳にするのは、「お客さま第一とはわかっているが、売上計画の達成や時間外労働の削減などの社内事情を優先し、お客さま満足を最優先にした仕事ができないジレンマを感じる」という、現場のみなさんの嘆きです。

同様に、「安全最優先とわかっていても、無制限に時間やコストもかけられず、利益確保を優先せざるをえない」と悩む方も多いかもしれません。

③ジレンマへの悩みは組織文化の問題に同じ

このような高い理想とリアルな現実とのギャップや、安全追求と利益追求のジレンマに直面し、「**そうは言っても**」と、無意識のうちに本音と建て前を使い分けるのが実状ではないでしょうか。

これは、第1部の第3章で説明した、行動と価値観の乖離、言行不一致の問題に外なりません。「こうした状況では、○○するのはしかたない」と、理想やルールから逸脱したがる思考習慣が、組織の隅々に浸透した状況がうかがえます。

そうした考えが「当たり前」になった一人ひとりの意識を、正しい姿に変えるには、どうすればよいのでしょうか。

このような場合、経営理念や行動規範の冊子が一斉に配られ、読み合わせが行われるのが常です。けれども、言われなくても、頭ではわかっているのですから、すぐに行動に定着したり、すでに確立した無意識の考え方の枠組み（メンタルモデル）を、根本から覆す効果は期待できません。

2 メンバーの意識変容を支援する

こうした状態を放置していては、歪んだ考え方が定着し、経営理念の冊子は引き出しの奥にしまわれ、自己流や職場の慣習で逸脱が進んでしまいます。では、リーダーにできることは、何なのでしょうか？

① 凝り固まったメンタルモデルを解きほぐす

行うべきことは、各人の「無意識のうちに当たり前になっている考え方（メンタルモデル）」に本人が向き合い、その間違いに気づく（自覚する）プロセスを、丁寧にふむことです。

つまり、これまで述べてきたように、今までの考え方をいったん、白紙に戻して考え直し、間違いに気づき、新たな考え方を身に付ける「意識変容」を、一人ひとりが行わなければなりません。リーダーに行えるのは、それを促すことです。効果的に促す役割を、日常指導にあたる上司やリーダーが担う必要があります。

たとえば、メンバーの仕事ぶりや振舞いに目を配り、もし、期待水準になければ、「どうしてお客さま第一の行動が取れなかったのか」、一緒に考えていくのです。

② コーチングによる対話を通じて自分で結論を見出すよう促す

組織として「こう行動してほしい」と指示・命令するのではなく、「どうすればできるのか」、「何が障害なのか」「なぜ、そう考えるのか」、「これからどうするのか」と問いかけることです。そうした対話を通じて、メンバー本人が自分の頭で考え、「こう行動したい」との結論を見出すよう導くのです。やらされ感を払拭し、自ら進んでやっていこう、との自発性を引き出します。つまり、これは、コーチングにほかなりません。

③ 新たな姿勢の獲得に導く

「お客さま第一の理念と、売上計画の達成」の関係の問題に戻れば、これを二者択一すべき「技術的問題」と思い込む意識の変容が必要です。両者は「トレード・オフの関係」との前提を信じて疑わないがゆえにジレンマに陥り、「できない理由」を訴える他責の状況にあることをメンバーに気づかせなければ、本質的な解決になりません。

本人が、予断をもたず、本問題は最初から答が決まっているわけではない「適応課題」と捉え、白地から考え直し、どう向き合えばよいのか自分の頭で考えることが重要です。

その際、「なぜ、トレード・オフだと思うのですか？　両者を同時に追求できないのですか？」と固定観念を問い直させる、良質な問いかけ（後述する対話やファシリテーションの解説をご参照ください）が重要になります。

そうすると、これまで「両立は無理」との固定観念に縛られて思考停止していたことにハッと「気づき」、お客さま満足と売上計画達成の同時追求は「どうすればできるか」と、自責で思考をめぐらせます。

そして、「終わりのない業務改善を行っていく」という、自分たちの手で現状を変えていく新たな発想と行動意欲、当事者意識を自ら得るでしょう。

これが、職場で行う意識変容の一例です。

3 「意識」に効果的に働きかける

コミュニケーションの本質は、単なる情報伝達ではなく、意思や感情を伝え、相手の思考や行動に変化を与え、望む方向に「人を動かす」ことです。その際、指示や命令によらず、「問いかけ」によって相手の理解と共感を得ながら丁寧に合意点を一緒に探すのが「対話」であり、それを容易にする技術が「ファシリテーション」です。それぞれを、ここで整理して説明しておきます。

1 「人を動かす」コミュニケーション技術

古典的な自己啓発の名著『人を動かす』に、組織文化変革のコツが書かれています。

成人教育を行うYMCAの夜間コースで「話し方」の講師を務めたデール・カーネギー氏が、古今の文献にあたり、多くの人に取材した手づくりの教材が評判となり、初版から約90年後の今も売れ続けるベストセラーになりました。

「人の行動を変える」ため、どのようなコミュニケーション手法が効果的か、納得いく具体的な知恵がいっぱい詰まっています。その一端をご紹介します。

・人に好かれるには

誠実な関心を寄せる、笑顔を忘れない、名前を覚える、聞き手にまわる、関心のありかを見抜く、心から褒める

・人を説得するには

議論を避け、誤りを指摘せず、自分の誤りを認め、穏やかに話し、相手がイエスと答えられる問題を選び、しゃべらせ、思いつかせ、人の身になり、同情を寄せ、美しい心情に呼びかける

・人を「変える」には

まず褒め、遠まわしに注意を与え、自分の過ちを話し、命令せず、顔をつぶさず、わずかなことでも褒め、期待をかけ、激励し、喜んで協力させる

いかがでしょうか。「人を動かす」とは、外からの力や理屈で動かすことではなく、その人の内面に働きかけ、「自ら動く」ように仕向けることだとわかります。

他者を認め、尊重し、相手の立場に立ち、何を望んでいるか考える。こうした人間関係の基本を再確認し、一つずつ実践したいものです。

2 対話

対話は、堅苦しい会議でも気楽な会話でもなく、中間の「まじめな雑談」の位置づけです。

❶ 対話とは

対話は、「自分を偽らず、合意できる真実を求め続けるコミュニケーション」です。そこには、会議室での議論や、何気ない会話にはない特徴があります。自分がふだん、次のような真の「対話」を行っているかどうか、振り返ってみてください。

1つ目は、「**本音**」です。

建て前や体裁を捨て、素直な本心を自分の言葉で誠実に話すことです。肩書や社会的地位を離れ、互いの立場を尊重し、一人の人間同士としてフラットに話せるかがカギです。

2つ目は、**相手との「合意点」を一緒に探ること**です。

話し合いなので、自分の立場や利害を一方的に主張せず、一人ひとり違う考え方を尊重しながら、互いに納得できる解決策をいかに見つけるか、協力して考える過程が大切です。

❷ 対話に必要な姿勢

こうした対話を進めるには、次の姿勢が求められます。

- **傾聴**　相手が何を伝えようとしているのか注意深く耳を傾け、共感をもって受け止める
- **尊敬**　相手を対等で大切な存在として尊重する
- **保留**　自分の考えや判断はとりあえず横に置き、偏らない新鮮な目で物事を見る
- **自己開示**　偽らない本心（本音）を自分の言葉で話す

つい、人の話を途中で遮り自分の主張を被せ、異論に聞く耳をもたずに反論を挑むくせがある方には、セルフコントロールが必要になります。

❸ 対話のコツ

予め答えの出ていない話題をめぐり、納得のいく合意に導くプロセスには、「この手順が効率的」といった台本はなく、流れを滞らせないように臨機応変に言葉を発していきます。それでも秘訣はあります。**いかに早く、共感し合い、深いレベルの話に掘り下げるか**です。それには、自己主張をぶつけ合わず、逆に、相手の考えや背景を引き出し、新たな考えに導く良質な「**問い**」が、とても重要になります。

「問い」には、質問以上の意味があります。

表21｜プロセス・コンサルテーション

- コンサルタントは相手から相談を受けた際、状況を分析して助言する従来の方法ではなく、思ったままの素朴な疑問をぶつけます。
- 互いに率直に話せる関係を築き、話しながら問題点を発見しても、それをそのまま伝えず、問題の本質は何か相手自身が「気づく」ことを支援するため、問題を掘り下げる質問を繰り返します。
- 対話の過程では、「何とかして役に立ちたい」と思って全力を尽くし、誠実な「好奇心」をあふれんばかりに持ち、適切な「思いやりのある」姿勢を持って相手の話に耳を傾け、相手の本当の思いを積極的に突き止めようとする、という支援者に徹する必要があります。
- その結果、「そういうことか」と自ら気づいた相手は、今自分が本当にやるべきことなど、ものの見方や世界のとらえ方を変え、課題に進んで取り組んでいきます。

出典：エドガー・シャイン『謙虚なコンサルティング』などから作成

「話を聞かせてください」と相手への関心を示す信号や、「どうぞ、話してください」と相手に発言を促す機能、新たな考え方に気づかせる効果などです。

さらに、問いかけを重ねていけば、無限に対話が続きます。

❹ 問いかける技術

組織文化研究の第一人者であるエドガー・シャイン教授の晩年の著作が、『問いかける技術』であったことは、非常に象徴的です。

シャイン教授は、組織のメンバーの主体性や自律性を尊重する取り組みを支援する立場から、「こうしたらよい」との指示や助言は、上下関係をつくり、相手から自ら考える力を奪いかねない、と消極的です。

むしろ、フラットな信頼関係をつくり、より良い議論を通じ、「問いかける」ことを通じて、正しいあり方を自ら考えるプロセスを生み出す支援を行うべきとして、プロセス・コンサルテーションの考え方を提唱しました。〈表21〉

いわば、算数の宿題を子どもから尋ねられた親が、代わって問題を解いて答を教えてしまっては、子どものためにならないことと同じです。

そうではなくて、「どこにつまずいているのか」、「どうすればよいのか」などと問いかけ、自ら答が出せるよう根気強く励まし、ヒントを与え、ゴールに導くことが望ましいわけです。

その際、考えを押し付ける「介入」や、Yes・Noなどの「二者択一の質問」(期待する正解を示唆し、本人の意に反する優等生的な回答になりがち)、「誘導尋問」などは避け、コメントも入れずに、深く考えさせる良質な問いを投げかけることがポイントです。

3 ファシリテーション

ファシリテーションは、対話と同様に、従来の上意下達・一方通行型のコミュニケーションを、フラット・双方向型に変え、メンバーの自律性や自発性を高めます。会議進行技術に留まらず、対話とも共通する姿勢や心構えとしても習得が望ましいものです。

1 ファシリテーションとは

ファシリテーションとは、参加者の発言を促し、多様な意見を整理し、重要ポイントを引き出し、議論を広げ、最後には議論を収束させて合意形成をサポートする、会議の円滑な進行技法です。テレビの司会者の巧みなさばきで、対話が盛り上がり、話題が広がる進行をイメージしてください。

ここで強調したいことは、ファシリテーションを行うと驚くほどに会議や対話が活性化し、深い議論ができ、参加者が意識変容する気づきや肚落ちが得られることです。

2 ファシリテーションの効果

「指示・命令・伝達型」の会議運営を、「対話・ファシリテーション型」に切り替えると、どんな違いが生まれるか、次ページの表に整理しました。〈表22〉

表の①の「指示・命令・伝達型」は、従来の職場や会議でよく見られるスタイルです。決定事項が上意下達され、上司は部下を管理します。タテ社会では人間関係や職位がものを言い、弱い立場の部下は受け身で消極的になります。その結果、自ら考えることが少なく、会議では空気を読み、言いたいことを言えません。

そうした場では声が大きい人が自己主張し、異論に耳を傾けようとしません。だから、穏当なよそ行きの発言に留まり、会議もつまらないし、与えられた目標をやろうというモチベーションも上がりません。

対照的に右の「対話・ファシリテーション型」は、指示・命令・伝達型の真逆になります。上司は、奉仕する心で部下の成長を支援します。対話の場はフラットで、部下は主体性・自主性を発揮し、自ら考えます。そこでは、気楽に本音が言え、他者の発言に謙虚に耳を傾けます。違った意見を尊重し、丁寧に合意点を探ります。その際、上司は引き出し役に徹し、部下が主役になります。

表22｜対話を活性化するファシリテーション

①指示・命令・伝達 型	②対話・ファシリテーション 型
• 上意下達	• 下意上達
• 上司は議長、命令者	• 上司は、部下への奉仕者・召使い
• 部下の行動を管理、規制する	• 部下の自己成長を支援する
• 人間関係や職位が影響する	• フラットな場
• 部下は受け身、消極的	• 部下は主体性・自主性を発揮
• 自ら考えない	• 自ら考える
• 場の空気を読み、言いたいことが言えない	• 気楽に思った本音を言える
• 自己主張の場	• 他者の発言に謙虚に耳を傾ける
• 異論に耳を傾けない	• 意見の多様性を尊重し、丁寧に合意点を探る
• 発言はよそ行き、上司への忠誠を示すもの	• 上司は引き出し役に徹し、部下が主役
• 会議は息が詰まる	• 対話で思わぬ気づきが得られ、プロセスも楽しい
• 最初から結論ありきで、つまらない	• 議論を通じ、合意内容に肚落ち・共感・納得
• 与えられた目標にモチベーションが上がらない	• 目標設定に参加し、モチベーションが上がる

そうした対話では、思わぬ気づきが得られ、プロセスも楽しく、議論を通じてみなでつくった合意内容に肚落ちや共感、納得が得られます。自分らで設定する目標なので、取り組むモチベーションも上がります(VIEW POINT ⓬参照)。

❸ ファシリテーションの心構え

ファシリテーションでの、言語的・非言語的なテクニックを次ページの表に整理しました。〈表23〉

具体的な技法については、すでに多くの書籍があるので、詳細はそちらに委ねます。

ここで強調したいことは、もちろん技術も必要ですが、それよりも、参加者が自ら考えを深めることを支援するため、次のようなハート(心構えや姿勢)が大切だということです。

- 「何とか役に立ちたい」と全力で相手に誠実に尽くし、相手や話の内容に「関心・好奇心」をもち、「思いやり」あふれる姿勢を保つこと
- 観察し、共感しながら傾聴し、わかりやすく言い換え、明確に表現・要約し、謙虚に質問し、問題を気づかせ、考えを引き出し、対処方法の発見を支援すること
- 信頼し合って素直に話ができるよう、打ち解けた雰囲気をつくること
- 臨機応変に質問を変え、相手が自分の力で問題解決に確実に進むよう、問いかけ続けること(その際、過度に介入せず、相手の思考を枠にはめず、自分の仮説を押し付けないこと)

表23｜ファシリテーションの手法

言語的なテクニック	• 的を射た質問　（自由な意見や感想を引き出す、考えさせる） • 発言の掘り下げ　（例：なぜ、どうして、もっと詳しく、例えば・・・） ⇒発言者に話を続けさせたり、もっと深く考えさせ、議論の質を深めるため （根本原因、見過ごしがちな問題の発見、率直な議論、相互の信頼関係、新たな気づき） • 発言の少ないメンバーを引き入れる（例：指名する、全員に同じ質問をする、発言を促す） • 異なる意見を歓迎する • しゃべりすぎない • わかりやすく言い換える • 視点を変える • 質問や発言の方向を転換する • 要約する • すでに出た意見やアイデアを振り返る • 橋渡しをする
非言語的なテクニック	• 積極的に耳を傾ける（⇒信頼関係、オープンな雰囲気づくり） • 声（高低、抑揚、速度、テンポ） • 穏やかな表情 • アイコンタクト（傾聴の姿勢） • 沈黙（⇒考えさせる） • 五感を総動員して注意を向ける • ボディランゲージ、熱意を伝える

4 人への関心

その心構えの中でも、多くの車座対話を進行したわたしが得た極意は、相手に対する「関心」に尽きます。

全員の表情の変化や言葉のトーンに細心の注意を払い、今、何を考え、何に悩むのか、と思いをめぐらせます。発言に頷いた人、首を傾げた人は、どう思っているのか、理由は何だろうか。どうしたら、彼らのモヤモヤを解消し、新たな気づきとなるのか、などと頭をフル回転させながら、しかしその素振りも見せずに、発言はしっかり傾聴し、受け止め、みなを主役に立て、発言の交通整理に勤しむ感じです。

つまり、頭に浮かんだ感想や感情には動かされず、**自分も含めた対話の場を斜め上の空から冷静に俯瞰し、流れを妨げずにその力を借りて進む**合気道のイメージです。その際、思いつきの発言は控え、みなが対話を楽しむ流れと雰囲気をつくることも大事です。

他者の課題解決という対人支援の本旨にしたがえば、相手への関心をもち、役立とうと思うことは当然ですが、日常でのメンバー指導や対人関係でも心がけたいことと言えるでしょう。

VIEW POINT 12 ソクラテス式対話

一世を風靡したマイケル・サンデル教授の「ハーバード白熱教室」では、「より多くの命を救うため、一人の命を犠牲にすべきか」といった哲学的テーマをめぐり、学生たちと対話を重ねる風変わりな講義が印象的でした。これが、ソクラテス式対話です。質問を問いかけ、相手の考えを引き出し、自分の言葉で話させながら、みなで考えを深め、より深い本質を探求していくプロセスです。

古代ギリシャの哲学者ソクラテスは、弟子や市民との対話を好みました。自分の内にある真理を掘り出すことは一人では難しいので、対話を支援手段としたわけです。ソクラテスが「魂の産婆術」と呼んだことは、極めて象徴的ですね。

これにならってファシリテーターを務めた筆者が、事故の教訓をめぐる社員との車座対話で、好んで投げかけた問いがあります。

「安全を貫く、みなが人間として持つ当たり前の心を一言で表すとしたら、何ですか？」

改めてこう問われると最初は、みなさん、言葉を探しあぐね、自分の経験や感情を思い出そうとさまざまに内省し、次第に飾らない素朴な思いを発し始めます。

ファシリテーターとして、テストへの優等生的な正解を期待するのではなく、真理を探究する場が活性化し、みなが真剣に答えのない答えを自身の胸の底に探し続ける「プロセス」が充実し、途中でくじけないよう、根気強く励まし続けます。

参加者から「それは、愛ではないでしょうか…」と、小さな声が上がります。

他の参加者は、すぐには肚に落ちず、きょとんとした顔をしています。

そこで、どうしてそう思うのか、なぜ愛が大切なのか、愛とはどういう心なのか、みなの思うそれぞれの定義を思いつくまま気楽に出し合ってみよう、と促します。

一見、当たり前の事柄を根本から考え直し、バラエティに富むアイデアを集めた結果、「愛の反対は、憎しみではなく、無関心。ならば、愛とは、まず人に関心を寄せ、そのときの心の動くままに素直に人に寄り添うこと」との、手づくりの合意が生まれます。

こうして、共に働く仲間、家族、何よりも大事な自分に対する関心を常にもち大切に思って丁寧に接する「愛」が、安全はもとより、人間関係すべての基本であり、事故の本質的な教訓でもあることに、ハッと気づきます。これならできる、これが欠けていたなど、自分の胸から取り出した愛おしい真心を前に、それぞれ感じるところもあるようです。

コーチングの心得も、「答は相手の中にある」です。相手を導くコーチがオープンな問いかけをし、相手に考えさせ、自ら答を見出すことを支援する形で、ソクラテスの知恵は現代でもしっかり生きています。

4 「行動」を高める視点

目的や価値観の違いから、各組織が求める人物像は一つではありませんが、「ありたい姿」としてメンバーの自律的な成長を考える上で、教育界で重視される「非認知能力」の考え方や、「仕事への誇り」の本質は、押さえておきたいものです。

1 社会で生きる力（非認知能力）の育成

❶ 教育が目指す人物像

文部科学省の学習指導要領には、育成を目指す一人ひとりの「あり方」が、こう描かれています。

- 社会的・職業的に自立した人間として、郷土や我が国が育んできた伝統や文化に立脚した広い視野と深い知識を持ち、理想を実現しようとする高い志や意欲を持って、個性や能力を生かしながら、社会の激しい変化の中でも何が重要かを主体的に判断できる人間であること。

- 他者に対して自分の考えなどを根拠とともに明確に説明しながら、対話や議論を通じて多様な相手の考えを理解したり自分の考え方を広げたりし、多様な人々と協働していくことができる人間であること。
- 社会の中で自ら問いを立て、解決方法を探索して計画を実行し、問題を解決に導き新たな価値を創造していくとともに新たな問題の発見・解決につなげていくことのできる人間であること。

いかがでしょうか。これは「非認知能力」の涵養を求めるものですが、まるで先に「ありたい姿」としてお話しした、パーパスを追求する自律的な組織文化のようにも見えます。

2 非認知能力は自分で伸ばす

近年、学力テストなどで数値化ができないけれども「社会で生きる上に必要な力」が、学力同様に大切だと認識され始め、「非認知能力」と呼ばれています。

2015年にOECDは、非認知能力を、

- **目標を達成する力**（例　忍耐力、意欲、自己制御、自己効力感）
- **他者と協働する力**（例　社会的スキル、協調性、信頼、共感）
- **情動を制御する力**（例　自尊心、自信、問題行動のリスクの低さ）

から成るものとし、わが国の文部科学省もＯＥＣＤと同様の整理をしています。

こうした人の内面に関わる非認知能力は、子どもの場合、家庭や学校、地域社会の中で育まれますが、外から伸ばされるものではなく、本人が意識して望ましい行動に変えることで、その蓄積が行動特性や価値観に影響を与える、という形で、「自分で伸ばす」ものです。

この非認知能力は、大人になっても育成できます。足りない、間違っている部分に自ら気づき、考え方や行動を変えられるかがカギです。

望ましい価値観を周囲が共有し、本人の行動にフィードバックし、本人も振り返りを行い、行動定着を図ります。

❸ 最近注目のノンテクニカルスキル

非認知能力と似たものに、航空や医療などの安全分野では、ヒューマンエラーの克服のために生まれた「ノンテクニカルスキル」の概念があります。

これは、「状況認識」、「意思決定」、「コミュニケーション」、「仕事の配分」、「チームワーク」などの各面のスキルを上げ、リスク削減を狙うものです。

たとえば、飛行機の副操縦士が機長に躊躇なく進言できるよう、適切な権威勾配に調整してコミュニケーションするのが一例で、航空に限らず、一般生活でも活用できるものです。

❹ 組織文化変革との関係

非認知能力やノンテクニカルスキルの向上とは、まさに本書で繰り返してきた意識・行動変容の問題であり、その集合が組織文化変革の問題に他なりません。裏返せば、組織文化変革とは、一人ひとりの人格磨きとも言えます。

2 「誇り」を高める

組織文化の中核に「誇り」があれば、目標に向かって挑み続ける前向きな力になります。「誇り」を醸成するためには、承認実感、期待実感、自信、目的意識などを高め合う職場でのコミュニケーションが重要になります。

❶ 仕事への「誇り」（職業的自尊心）

仕事への「誇り」とは、うぬぼれや自己満足ではなく、

- その仕事を社会で一定の役割を果たすものと考え、
- その仕事を成立させる価値観が広く受け入れられ、
- 自分の仕事が社会の人々と結びつく感覚によって仕事の価値を肯定的に捉え、
- 人々が求める仕事の質を実現しようとする態度。

と定義（心理学者の大谷華博士による）できます。

具体的な例で言えば、

- わたしの仕事は、社会を支えていると評価・感謝され、
- 持続可能な社会づくりの経営理念に、社会も期待や信頼をし、
- 社会やお客さまに役立つ、やりがいあるわたしの仕事を、
- 誰も見ていなくても、進んできちんとやり遂げようと思う。

というように、働く目的・意義に心底、肚落ちし、自信をもって積極的に取り組む姿勢になります。

❷ 誇りが高めるモチベーション

仕事の意義・目的を一人ひとりが肚に落とせば、誇りが高まり、一致団結して目標に向かう組織文化になります。

この「誇り」ある姿勢とは、「何をしているのか」と尋ねられた3人の石切り工が、それぞれ、「生活のための労働」、「技能熟達」、「大寺院づくり」と答えた、との寓話を思い出させます。1人目のように、人から言われたからやるのではなく、「この仕事は何のためか」、「どう役立つのか」、「仕事の喜びは何か」と自問することにより、3人目が自ら見出した仕事の意義となっていきます。そして、それが、「誇り」の源になります。

実際、「働きがい」、すなわちモチベーションを「目的意識・自発性・熱意」の構成要素に分解して考えると、仕事への「誇り」とモチベーションの両者は、ほぼ同義だとわかります。

❸ 誇りを高める職場運営

そこで「誇り」を高めるため、

- 職場で互いに認め合い、
- 期待を伝え、
- できたら褒めて自信（自己効力感）を持たせ、
- 仕事の目的を肚落ちさせる。

など、リーダーは、メンバー指導や本音のコミュニケーションに意を配り、一人ひとりが主体性を発揮できる運営に努める必要があります。〈図29〉

仕事への誇りの高い組織文化とは、組織の共通目標に向かって団結し、命じられることなく一人ひとりが主体的・積極的に努力を重ねる姿です。それこそ、本書で繰り返し提唱している「強い組織文化」にほかなりません。

図29｜仕事への誇りを高める

• 人から言われたからやるのではなく、「何のためか」「どう役立つのか」「仕事の喜びは何か」自問し、自ら見出した仕事の意義が、「誇り」です。

3人の石切り工の寓話

「何をしているのか」と尋ねられた3人の石切り工が、それぞれ、

• 「生活のための労働」

• 「技能熟達」

• **「大寺院づくり」**

と答えた。

3人目のように誇りを高める職場運営

• 職場で互いに認め合い、

• 期待を伝え、

• 出来たら褒めて自信（自己効力感）を持たせ、

• 仕事の目的を肚落ちさせる。

など、メンバー指導や本音のコミュニケーションに意を配り、一人ひとりが主体性を発揮できる運営に努める必要。

5　やる気を引き出す「上司」「風土」

いかなる組織目標でも、それに取り組む前向きな「やる気」が必要です。これには、人間関係の改善による自発性向上や、チームの協力関係などに関する研究成果があります。

特に、自律性や生産性向上などに直結するエンゲイジメントについて、それを高めるための上司の行動様式も明らかになっています。

1　部下のやる気を引き出す職場づくり

❶ 成功循環モデル

組織が、生産性向上や職場問題解決などの成果を挙げ続ける大前提は、人と人との「関係の質」の向上にあると、マサチューセッツ工科大学・組織学習センター共同創始者のダニエル・キム博士が指摘しました。

一般的に、組織で良い「結果」が出ないと、人は評価されず、上司との関わりを避けます。上司から結果を求められ、目標を押し付ける指示や強制でやらされ感が高まり、「関係の質」が落ちます。その結果、「思考」の質が落ち、「行動」も消極的になり、「結果」が出なくなる悪循環に陥ります。バッドサイクルです。

こうして風通しが悪く、主体性が削がれ、さまざまな問題を生む職場になります。〈図30〉

では、良い「結果」を生むにはどうすればよいでしょうか。

まず、「関係の質」の改善から始めます。上司とメンバーの間に心理的安全性があり、のびのび発言できる「関係」があれば、メンバーは柔軟、前向き、建設的に「思考」するようになり、自分で考えたことを主体的に「行動」に移し、自ずと「成果」が上がる好循環、グッドサイクルになります。〈図31〉

このように、自発的な行動を促す風通しのよい組織文化とは、**個々の職場単位での上司と部下との間の良い人間関係が前提にある**もので、それは後述するエンゲイジメントの研究とも整合します。

図30｜風通しが悪く主体性を削がれるバッドサイクル

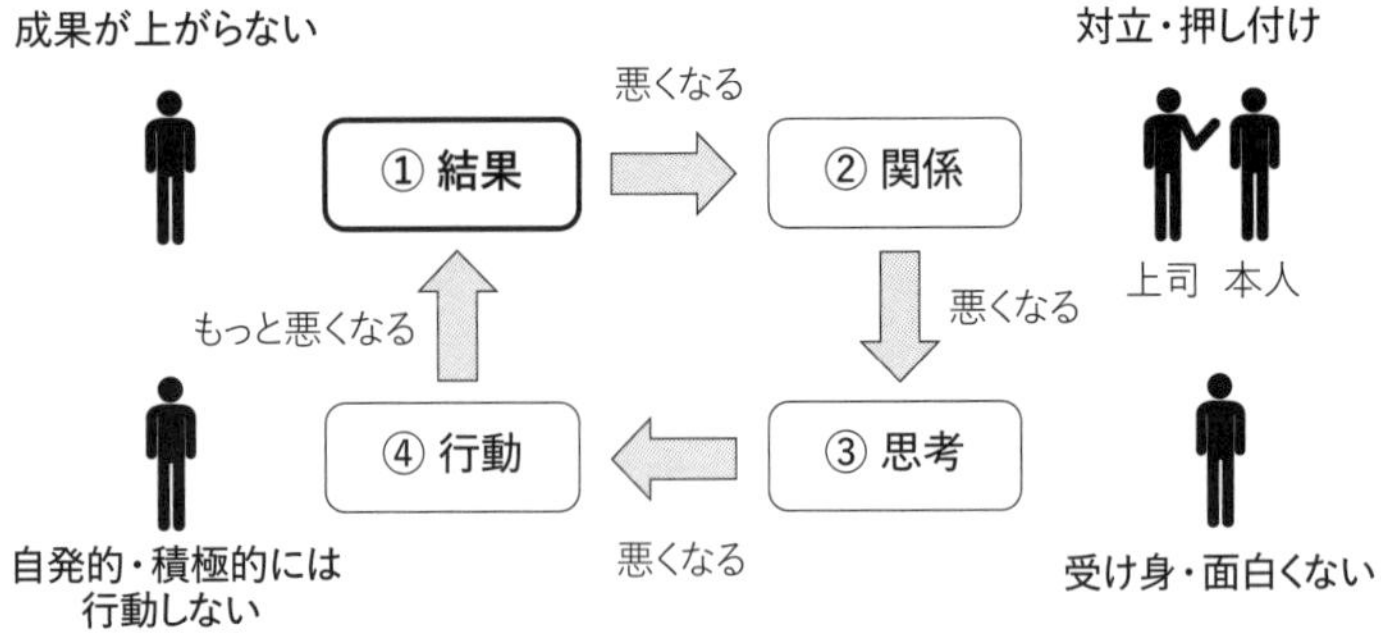

図31｜風通しがよく、自発的な行動を促すグッドサイクル

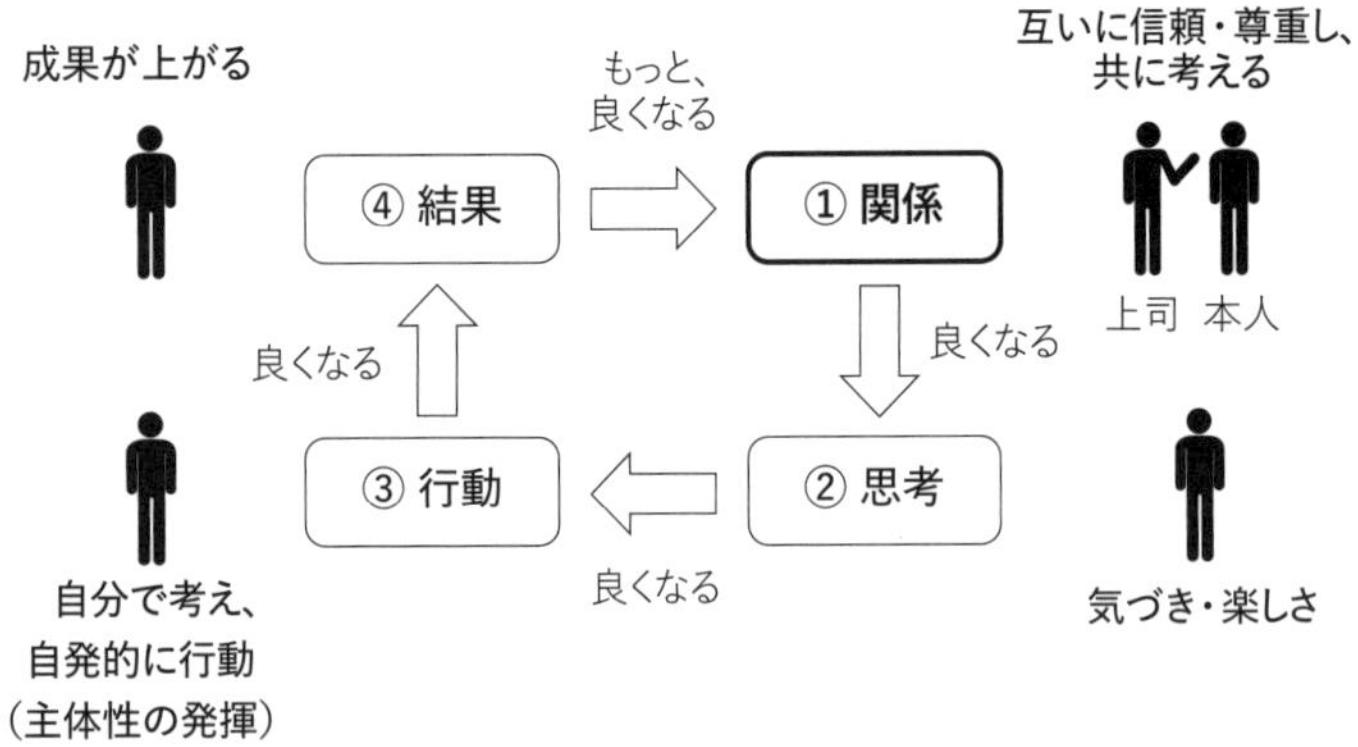

2 グーグル社による研究

心理的安全性の提唱で有名になったグーグル社の研究は、優れた成果を挙げるチームにおける上司の行動様式やチーム内の協力関係について、重要な知見を同社ウェブサイトで次のように公表しています。

① 良いマネジャーの10の行動様式

グーグル社の研究チーム（Project Oxygen）は、業績評価や従業員アンケートの分析から、「優れたマネジャー」が、仕事の生産性や従業員のエンゲイジメントに好影響を与えることを確認し、評価の高いマネジャーに共通する次の10の行動様式を特定しました。

- 良いコーチである
- チームに任せ、細かく管理しない
- チームの仕事面の成果だけでなく健康を含めた充足に配慮し、インクルーシブなチーム環境をつくる
- 生産性が高く結果を重視する
- 効果的なコミュニケーションをする：人の話をよく聞き、情報を共有する
- キャリア開発をサポートし、パフォーマンスについて話し合う

- 明確なビジョンや戦略をもち、チームと共有する
- チームにアドバイスできる専門知識がある
- 部門の枠を超えてコラボレーションを行う
- 決断力がある

②効果的なチームのあり方

さらに、同社は、「チームが効果的に機能するのに、何が最も重要か」研究しました（Project Aristotle）。その際、売上高などの結果や、チーム内の文化・風土、当事者意識や目標などの組織・個人の問題を評価尺度にして分析した結果、最も重要なことは、「チームがどう協力しているか」だということがわかりました。その協力関係の重要な要素は、次の通りです。

- **心理的安全性**　メンバーがリスクをとること（例　自分が無知だと思われる行動）を安全だと感じ、互いに弱い部分もさらけ出せる
- **相互信頼**　他のメンバーが質の高い仕事を時間内に仕上げてくれると感じる
- **構造と明確さ**　役割、計画、目標が明確になっている
- **仕事の意味**　仕事が自分にとって意味のあるものと感じられる
- **インパクト**　自分の仕事には意義があり、良い変化を生むものだと思っている

VIEW POINT ⑬ 主体性

筆者は数年かけ、延べ3万人の社員と直接、対話で意見交換を行いました。継続は力なりの言葉通り、実地でコーチングやファシリテーションの手法を磨き、「こう問えば、より深い思考や気づきに導ける」といった手応えを、日々重ねることができました。

職場や年齢、仕事内容の異なる多くの方々と無数の言葉を交わすうちに、意識や行動面である共通点が、自然と頭に浮かんできました。特徴的な組織文化とも言えるものです。

その一つは、「**主体性**（自発性、自律性）」の課題です。組織の中ではこう振舞うことが、目立たず、風当たりも強まらないので、と、指示やマニュアル通りに行動するうちに、自分の考えを主張し、それにしたがって行動する力が弱まっているように感じました。

「どうせ言っても聞いてもらえないだろう」、「会議では意見を求められないので、口をつぐんでいる」という消極的な姿勢です。そうした方々は、ごく普通の真面目そうな方々で、仕事への意欲や組織への帰属意識を失っているようにも見えません。

少し心配になった筆者が、「家庭でもそんな感じですか」と尋ねると、みな、首を横に振ります。そこで、「どうして職場では自分らしさを隠し、家庭とは違った仮面をかぶるのですか?」、「こうして働く姿を、ご家族に見せたいと思いますか?」とさらに問うと、みな、ハッとした表情を見せます。

「そうするように暗黙に求められているのだろう」、「職場ではこう振舞うのが当たり前」とのメンタルモデルに支配され、無意識のうちに自分自身を縛っていたことに気づくのです。

「社内の風通しが悪いとおっしゃるけれど、それを理由にして他者と関わろうとしないあなた自身が、風通しの悪さを助長しているとは思いませんか?」

「職場の仲間も家族だと思って、愛あるお節介をしてみませんか?」

「もっと自分らしく、言いたいこと、やりたいことをやってもいいのではないですか?自分の人生なので、何に遠慮する必要があるのですか?」

こんな問いかけをして、みなの覚醒を期待していました。

近年、「心理的安全性」に大きな注目が集まりますが、社員のみなさんの姿を見ていると、課題はそれだけではないと感じました。社会の常識や道徳が組織の中でも同様に通用し、二枚舌や二重人格を使い分けず、みなが本音で誠実に過ごせる当たり前の職場づくりが大切だと思えてなりません。対話でのみなさんの表情を思うたび、一人ひとりを縛る見えない鎖から「主体性を解放する」という言葉が、切なく胸によみがえります。

2　エンゲイジメントを高める

社員の自律性・自発性を高めるには、その基盤となる仕事への働きがい（エンゲイジメント）を高めるよう、前述の「誇り」と同様、上司による好ましい働きかけや職場づくりなどの日常の工夫が重要で、その効果的な方法も明らかになっています。また、その成否により、生産性や事故率などのあらゆる事業成果に大きな差が生まれます。

1 厚生労働省によるエンゲイジメント研究

近年、その重要性への注目が高まる中、厚生労働省は令和元年版『労働経済白書』で、人手不足下の働き方における「働きがい」、すなわち「ワーク・エンゲイジメント」（以下、エンゲイジメント）について、９４ページを割いて興味深い分析結果を示しました。

①エンゲイジメントとは

次のページの〈図32〉のように、同白書では、エンゲイジメントを、

図32｜エンゲイジメントの概念

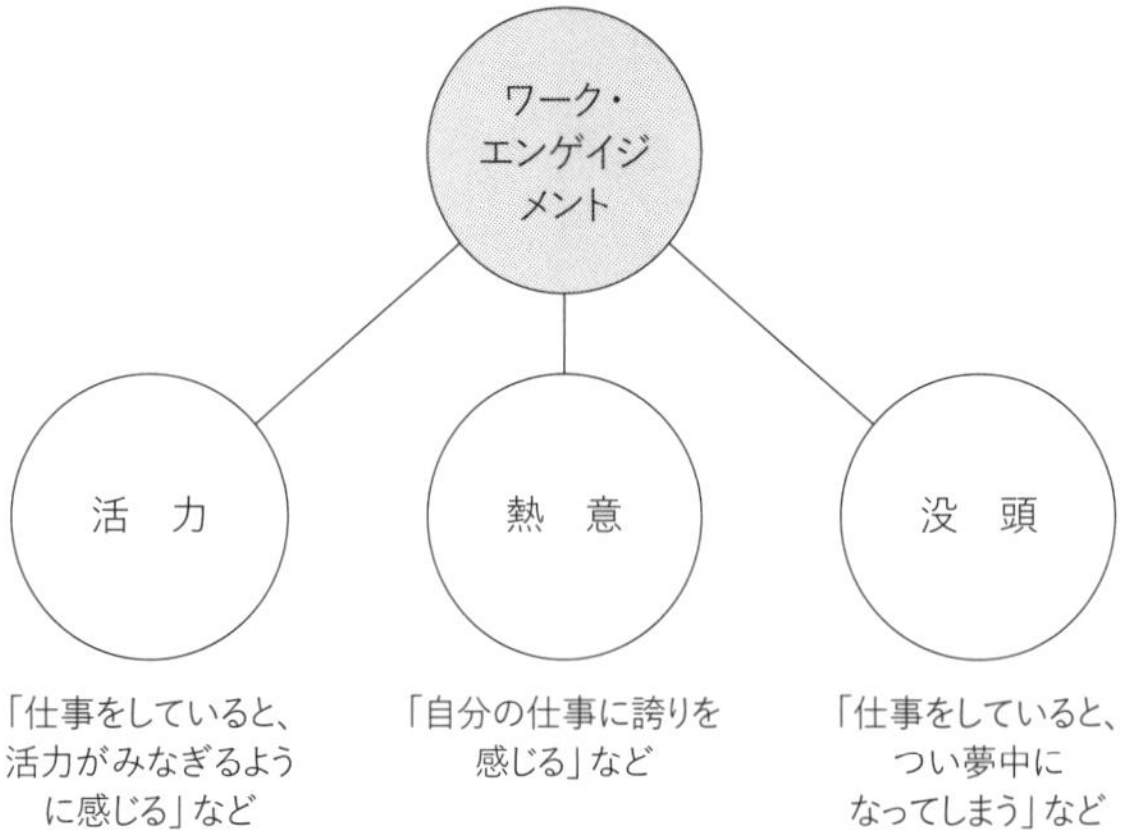

出典：【概要】令和元年度版　労働経済の分析
https://www.mhlw.go.jp/content/12602000/000822721.pdf

- **活力**　仕事から活力を得ていきいきとしている
- **熱意**　仕事に誇りとやりがいを感じている
- **没頭**　仕事に熱心に取り組んでいる

の3つが揃った状態と定義し、バーンアウト（燃え尽き）の対極に位置づけます。

そして、エンゲイジメントの効果や高め方などの研究成果を示しています。

組織文化づくりの観点からは、

- 従業員のエンゲイジメントの高さは、組織コミットメント、仕事のパフォーマンス、自発性、離職率、健康など、さまざまなアウトカム（成果）でポジティブに作用する

図33｜エンゲイジメントの意義

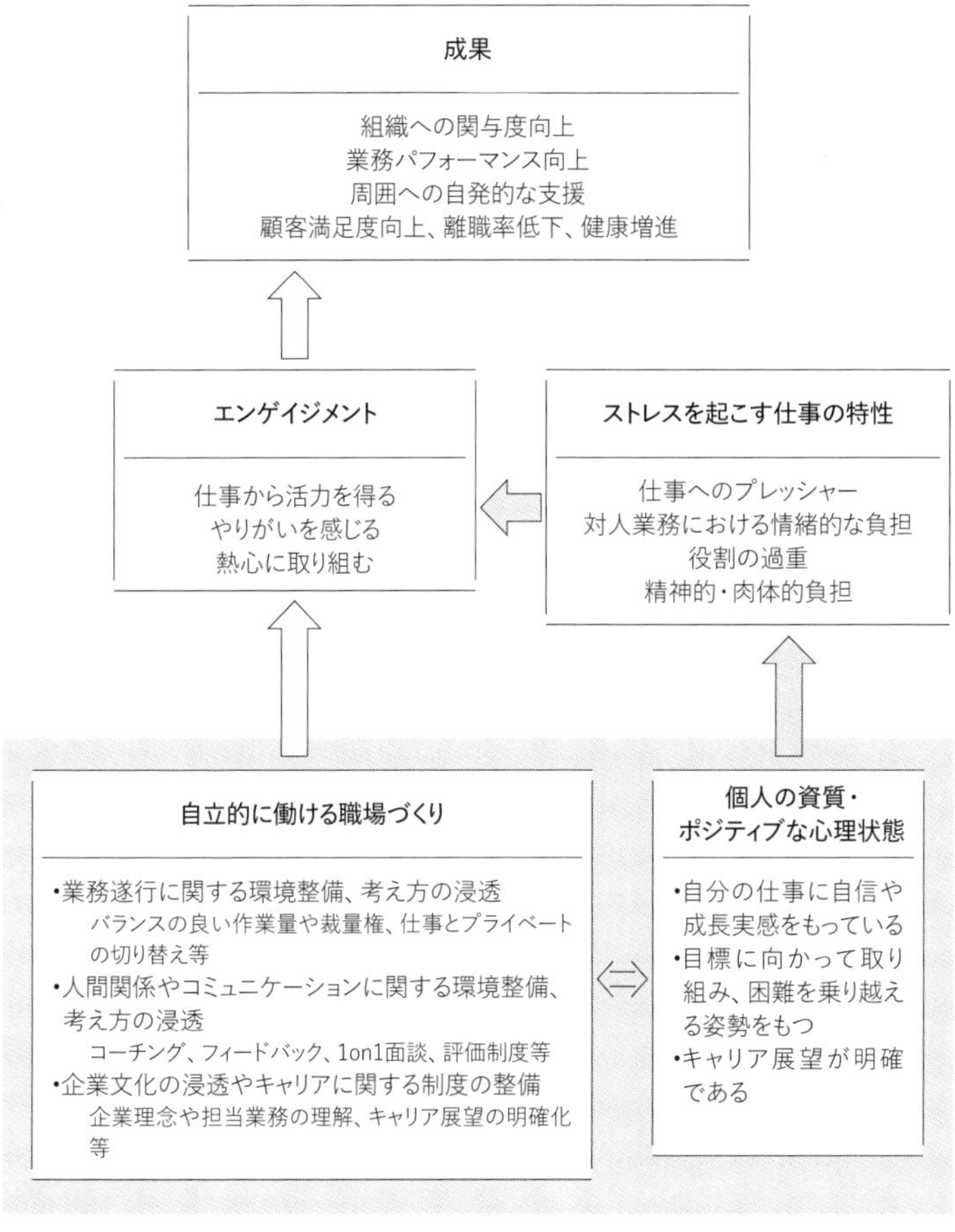

出典：令和元年労働経済白書（厚生労働省）

図36｜エンゲイジメントと仕事の自律性の関係

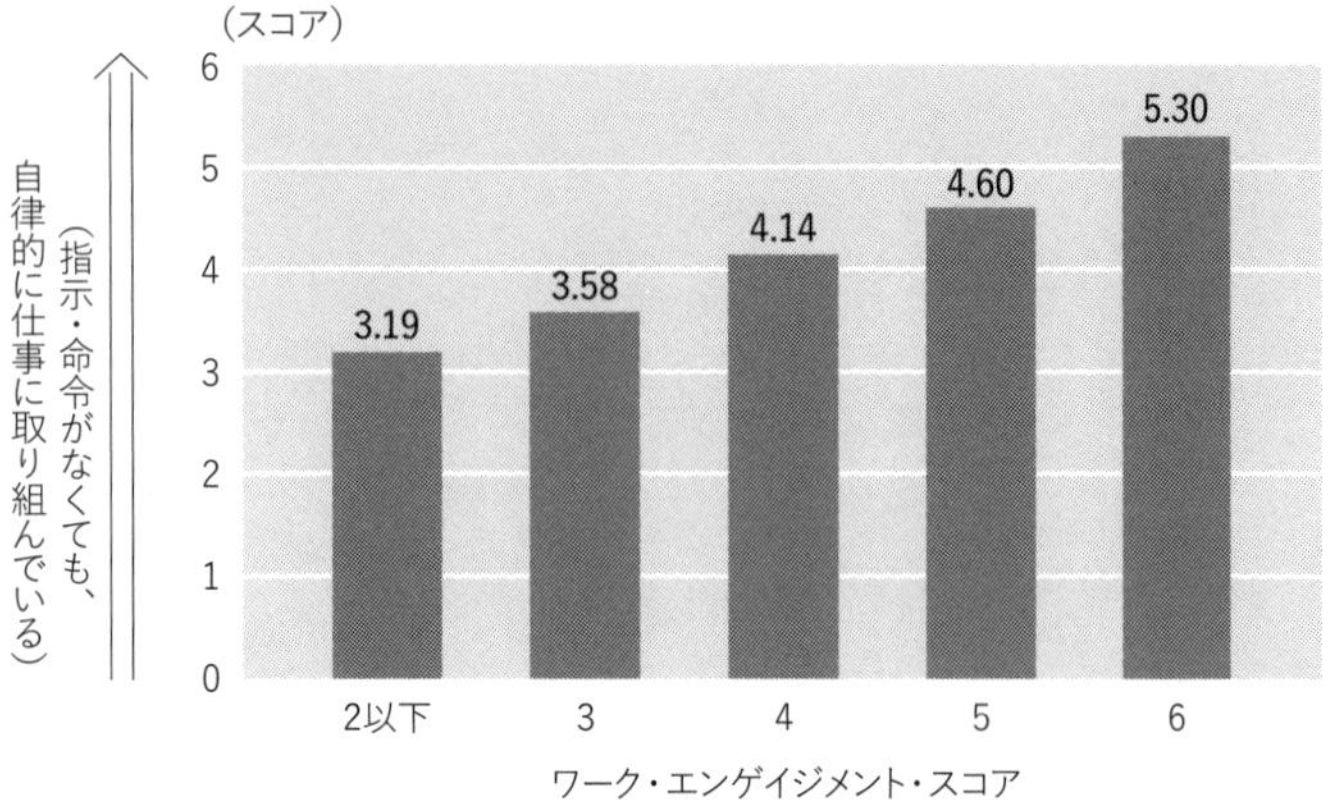

出典：令和元年労働経済白書（厚生労働省）
https://www.mhlw.go.jp/seisakunitsuite/bunya/koyou_roudou/roudoukijun/shigoto/it/example_03.html

- **仕事のあり方や職場環境の改善により、エンゲイジメントの改善が可能**

という指摘が注目されます。

そこで、成果・エンゲイジメント・職場づくりの相互関係と、それらを高める上での重要なポイントを、これから説明します。〈図33〉

② エンゲイジメントが高める自律・自発性

上のグラフが示すように、従業員が「指示・命令がなくても、自律的に仕事に取り組む」度合いは、エンゲイジメントの高さと正の相関がありました。〈図34〉

これは、自律性を高めるためには、ルー

ルの教育や訓練を通して直接、働きかけるのではなく、正しい意識を生み出す土壌としての仕事への前向きな姿勢（エンゲイジメント）から、間接的に高める必要性と有効性を意味します。

確かに、仕事への意欲や誇りの高い従業員なら、人の見ていない所でも一人できちんと仕事に取り組むことは、容易に想像できます。

さらに、エンゲイジメントの高い従業員は、「仕事を通じた成長実感」、「自己効力感（仕事への自信）」、「明確なキャリア展望」などの意識が、相対的に高い傾向にあります。因果関係はさておき、これらの意識の醸成により、エンゲイジメントを高めることは十分期待できます。

加えて、こうした自己効力感や成長実感を向上させるには、日常業務への上司からの高頻度のフィードバックが重要なこともわかりました。フィードバックの際、具体的な行動について、その重要性や意義を説明し、行動した直後に褒めることが効果的、とデータで示されました（上司によるフィードバックは、第2部の第2章をご参照ください）。

2 エンゲイジメントの源泉を探る

エンゲイジメントについては、米国の調査会社ギャラップ社による全世界の数千万人規模の意識調査分析結果が有名です。そこで明らかにされた、望ましい職場や上司のあり方を見ていきます。

① ギャラップ社のQ12

同社によると、さまざまな設問への回答と企業業績などとの相関分析の結果、次の12の質問にYesと答える社員が多いほど、生産性が高く、他のパフォーマンスにも好影響を与える傾向が見られました。〈図35〉

そこで、同社ではこれらの質問への回答結果によってエンゲイジメントスコアを測定しています。

Q1　わたしは仕事の上で、自分が何を期待されているのかがわかっている
Q2　わたしは自分がきちんと仕事をするために必要なリソースや道具を持っている
Q3　わたしは仕事をする上で、自分の最も得意なことをする機会が毎日ある
Q4　この1週間で、良い仕事をしていることを褒められたり、認められたりした
Q5　上司あるいは職場の誰かが、自分を一人の人間として気遣ってくれているように感じる
Q6　仕事上で、自分の成長を後押ししてくれる人がいる
Q7　仕事上で、自分の意見が取り入れられているように思える
Q8　会社が掲げているミッションや目的が、自分の仕事が重要なものであると感じさせ

てくれる

Q9　わたしの同僚は、質の高い仕事をするよう真剣に取り組んでいる

Q10　仕事上で最高の友人と呼べる人がいる

Q11　この半年の間に、職場の誰かがわたしの仕事の成長度合いについて話してくれたことがある

Q12　この1年のうちに、仕事について学び、成長する機会があった

こうした思いを社員が日々、実感できる職場運営のために何を行うべきか、この重要な問いかけに応えなければなりません。

②　12の質問が問う上司の振舞い

このQ12を作成したギャラップ社のジム・クリフトン会長は、自著『ザ・マネジャー』の中で、「世界中の従業員のうち、仕事にエンゲイジしている従業員は、わずかに20％だけ」とした上で、「過去30年間、世界経済の生産性が鈍化したのは、マネジャーが、部下やチームを導き、育成するための方法を変えることができなかったから」と指摘します。

その根拠として、「同じ企業内でもチームによってエンゲイジメントに大きな差があり」、

図35｜エンゲイジメントスコア上位25%と下位25%の企業における各指標の比較

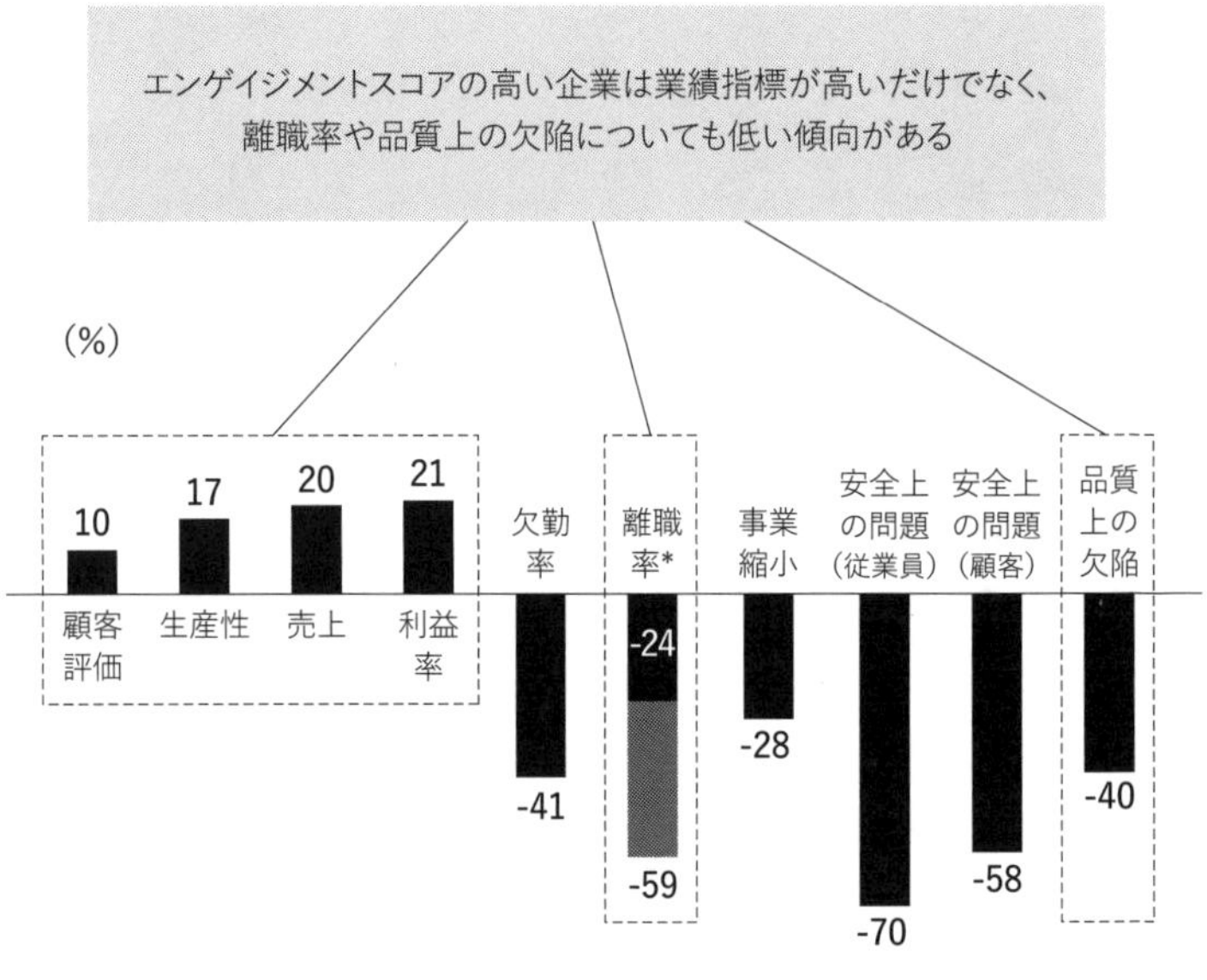

*82000の企業(事務所含む)、従業員180万人に対する調査

出典：経産省主催　経営競争力強化に向けた人材マネジメント研究会資料(2019)

表24｜エンゲイジメントのカギは上司

- 組織への愛着や仕事への熱意（エンゲイジメント）が、組織業績向上に直接関連します。
- エンゲイジメント向上には、上司が部下との人間関係を築き、目標を共有し、信頼して仕事を任せているかが、重要。
- 「期待」「貢献」「帰属」「成長」の4要素を社員が実感できることが、組織・仕事への愛着・熱意を高める上で重要

「チームのエンゲイジメントにおける分散の70％は、マネジャーによって決定される」という驚くべき事実を明らかにしています。

つまり、上司の行動様式が、メンバーのやる気や潜在能力を引き出す上で、決定的な働きをするのにもかかわらず、多くの場合、そうした行動ができていないことを意味します。

実際の職場に当てはめてみると、確かにそうした傾向にあることに気づくと思います。

前記の12の質問は、人のモチベーションの源泉である内発的動機、それも高次の自己実現欲求に関わる「期待」「貢献」「帰属」「成長」の4要素を社員が実感することが、組織や仕事への愛着や熱意を高める上で重要であることを意味します。

このように「自分は期待されている、組織に貢献している、組織の大切な一員である、成長できている」と、一人ひとりが感じるためには、ふだんのコミュニケーションが大切です。

脳科学の知見によれば、**人間の脳にある本能は「生きたい」「知りたい」「仲間になりたい」**の3つであり、自分の行動の結果、他者や社会に貢献することが嬉しいと感じられることが、脳への報酬になります。

実際、心理学者のアルフレッド・アドラーによれば、人間が最高にやりがいを感じるのは、**「自分の仕事が誰かの役に立っている」**実感だそうです。

みながその実感をもてるためには、そうしたメッセージがさりげなく伝わるよう、気遣いながら協働し、当たり前のことが自然に行われる職場づくりに、意識して努めることが大切です。

一口に言えば、**「上司が部下との人間関係を築き、目標を共有し、信頼して仕事を任せている」こと**です。〈表24〉

6　まとめ

本章では、組織文化変革の先頭に立つ、現場のリーダーに向けて、日々の業務運営を通じて、社員一人ひとりの意識と行動の変容をいかに促していくか、さまざまなアプローチ方法を説明してきました。ここで、第2部の最後として、「組織文化変革・実践編」の全体をまとめておきます。

1　改革で何ができるか　全体構造の整理

自律的・自発的な行動を高める組織文化づくりでは、何を目指し、何を行うのか、その全体像をつかむため、本章の冒頭で示したモデル図に基づき、これまでご紹介してきたキーワードを整理しました。これは、環境や課題、価値観などの違いにより、各組織にすべて当てはまるわけではありませんし、一人の上司ですべてを網羅する必要もありません。この整理を踏まえて、各々の適応課題の解決策を模索し、さらにこの先を探究してください。〈図36〉

図36｜組織文化を高め続ける職場づくり（再掲）

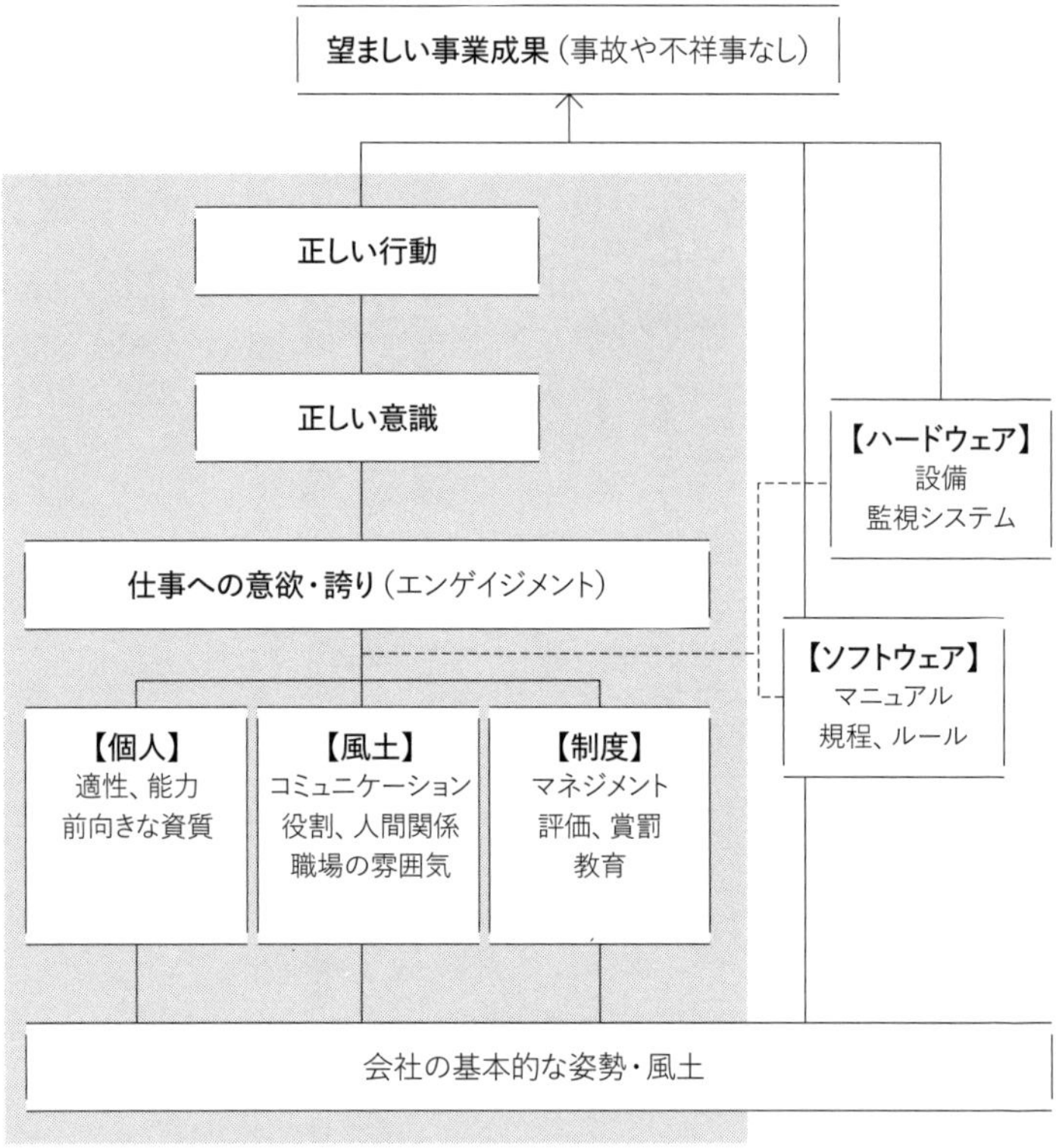

❶行動（組織文化の第1層：目に見える現象）

- **ありたい姿**　自分の頭で考える、前提を疑う、問いかける、正しいと思ったことを自律的・自発的に行動、言行一致、本音と建て前の一致、軸からぶれない、継続的改善・変革・向上・成長、率先垂範、リーダーシップ、課題の自己解決、自ら変わる
- **実現手段**　行動変容（習慣化：行動宣言、本人の意識的努力、段階に応じた支援）非認知能力・ノンテクニカルスキル向上

❷意識（考え方・価値観：第2層）

- **ありたい姿**　人として正しい生き方（道徳：愛、勇気、正義など）、人間尊重、他者への関心・共感、貢献（社会、顧客）・利他、目的意識、当事者意識・自責、責任感、継続的改善・終わりなき向上努力（グロースマインドセット）
- **実現手段**　意識変容（気づき）対話、コーチング、ファシリテーション、日常指導・フィードバック、振り返り、価値観浸透、教育啓発、問題意識

❸仕事への意欲・誇り・エンゲイジメント（第3層：無意識の前提・心・根本原因）

- **ありたい姿**　仕事の目的・存在意義への肚落ち・熱意、パーパスとの一体感、組織への愛着、健全なメンタルモデル・マインドセット、軸（インテグリティ）

- 実現手段　・自ら高める：　自己効力感、達成感、貢献実感、成長実感
　　　　　・周囲の支援：　帰属実感（仲間、協力、信頼）、承認実感（褒詞、感謝）、
　　　　　　上司の行動様式（Q12など、職場風土づくり）

4 個人の前向きな資質

- ありたい姿　非認知能力、自己効力感、主体性・自律性
- 実現手段　自ら高める、周囲が支援、好ましい風土

5 風土　上司の職場づくりの下、全員がフォロワーに

- コミュニケーション　フラット（対話、ファシリテーション）、風通し、報連相
- 人間関係　互いを尊重、協力
- 職場雰囲気　オープン、安心、規律

6 制度　経営や上司が所管

- マネジメント　組織目標の展開・浸透（社員の肚落ち）、学習
- 人事　行動様式の定着支援（人事評価組み込み）
- 教育　変革との連携

7会社の基本的な姿勢　経営が推進

- 経営理念（パーパス、ミッション・ビジョン）、行動規範の整備
- トップからの発信・率先垂範
- 人的資本経営（人の能力発揮、性善説）

2　当たり前のことをやり抜く尊さ

さまざまな実践ポイントを前に、「通常業務で手いっぱいなのに、さらにここまで求めると上司がパンクする」との悲鳴も聞こえそうです。

そこで考えたいことは、これらは新発見ではなく、古くからある当たり前のことが、今の職場では必ずしもきちんと行われていないという現実です。逆に、これらができれば、自ずと組織の成果も上がります。

筆者自身、グーグル社の研究（優れたマネージャーの行動特性）と同様の着眼をし、独自調査の結果、ほぼ同じ結論を得ました。その際、取材した高パフォーマンス・グループのマネジャーに、「なぜ、そのような行動をとるのですか」と動機を尋ねたところ、思わぬ答が返ってきました。

「マネジメントの教科書には頼らず、毎日、自分の行動を振り返り、ああすればよかったと、くよくよ悩んでいる。心がけていることは、自分がされて嫌なことはせず、してほしいと思うことをする。それに尽きる。だって、当たり前じゃないか」

期せずして、**あらゆる宗教や文化に普遍的に見られる基本原則**(黄金律)を、マネジャーの素朴な言葉の中に見出し、大いにうなずきました。

組織文化とは、閉じた環境内での日常反復動作により、自然に形成される「くせ」であり、淀んだ水です。それを浄化するのは、かのマネジャーのように、「人として正しいこと」との基本(道徳)に忠実で、自分の頭で考え、現状に満足せず、主体的に行動を続ける人です。立場に関係なく、率先垂範し、周囲に良い影響を与える真の「リーダー」が一人ずつ、一隅を照らし始めることで、組織は変わります。

3 組織文化問題は、はたして特別な取り組みなのか

組織文化は、確かに一筋縄ではいかない問題です。しかし、前ページに再掲した図の整理のとおり、あらゆる要素に働きかけられます。たくさんある糸口より、手の付けられるところからたぐり寄せれば、つながる他の項目にも好影響が及び、正のスパイラルが回ります。

この点に関し、安全文化研究の慶應義塾大学の高野研一教授は、「相互に関連し合う」組織統率、責任関与、相互理解、危険認識、学習伝承、資源管理、作業管理、動機付けの各要素（＝安全文化の8軸）の改善を通じて、組織文化と業務運営の両基盤を構築することが、安全やコンプライアンス対策に有効と提言します。

エドガー・シャイン名誉教授も、安全文化づくりは特別な取り組みではなく、一般の組織運営における働きやすい職場や優れた組織文化づくりと大差ないと、次のように指摘します。

「最大な皮肉は、物事をより安全にするためにすべきことのほとんどすべては、組織をより効果的にするためにすべきこととほぼ同じであることです」

「安全性に関する文献には、コミュニケーション、信頼・仕事の性質に関する明確な理解、優れたトレーニング、優れた指揮・良好なグループ間関係などの表現であふれます」

「組織というものは、優れた組織マネジメントの原理を理解する前に、災難を経験しなければいけないものでしょうか？」（出典：『マイ・ラーニング・ジャーニーズ』）

また、エンゲイジメントに関するギャラップ社の研究でも、この「まとめ」と同様に、あらゆる組織のすべての従業員が優れたパフォーマンスを達成するための仕事上の要求（コンピテンシー）とは、「人間関係を築く」、「人を育てる」、「変化を導く」、「人に意欲を吹き込む」、「批判的に考える」、「明確なコミュニケーション」、「責任を担う」だとします。

つまり、どこから取り組んでもかまわないのです。

ただ、常にその中心には「人」がいて、仕事への目的意識と熱意・誇り（エンゲイジメント）を高めた一人ひとりの集合が、組織文化であることを見失ってはなりません。

終章

タコツボ文化を超えて

組織文化を考えるため、わたしはまず、安全文化から縦穴を掘りました。さらに分野を問わず組織事故の分析を集め、問題となる原因や心理の共通性に驚きました。事故や不祥事の背景にあるルール逸脱とその日常化は、心理学や犯罪学の知見に学びました。

他方、エドガー・シャイン教授の言う組織文化の3層モデルや、個人の思考パターンであるメンタルモデルの形成や習慣化に関する脳科学、間違えるくせのある人間の判断を研究する行動経済学などが、互いに深く関係することに気づきました。

また、意識や行動の変容には、保健指導や動機づけ面接、カウンセリングをはじめ、対話、コーチング、ファシリテーションの技法が有効なこともわかりました。学習棄却やアンラーンといった教育分野の知見も有効でした。

企業再生の成功事例を吟味すると、社員の意識改革を含めた組織文化の変革が大前提であり、言葉ではなく、心で人を動かすことが大切でした。

人を変革や目標に導くことはリーダーシップにほかならず、内発的動機を刺激し、エンゲイジメントや誇りを高め、パーパスやインテグリティを追求する経営学や組織・人材開発論でもありました。自発性・自律性を高め、進んで他者に貢献する人材育成の追求です。

巻末の参考文献の通り、関係性の糸をたどってタテ・ヨコに穴を広げていくと、それぞれの研究領域が違った用語で同じことを語ることの多さに気づきました。つまり、組織文化への取り組みとは、人間の思考と行動という同一テーマに対し、それぞれの立ち位置から光を照らし、巨大で複雑な全貌を捉える試みだと肚に落ちました。

政治学者の丸山真男教授は、わが国のアカデミズムを、専門分化した小さな穴に閉じこもり、根底で支える「共通」の思想や文化から切り離された、根の無い「タコツボ」と評しました。こうした分断とは対照的に、経済学者のシュンペーターは、イノベーションの本質的な要素は、既存の異種の概念をつなげて新たな価値を生む「新結合」だと訴えます。

さらに、失敗学の畑村洋太郎教授は、複雑な事故分析には結果から逆に因果の連鎖をたどるとともに、なぜ、なぜ、と原因を突き詰め根本原因を追究することを示しました。

つまるところ、組織文化の変革と大上段に構えずとも、「人間」のあり方という永遠のテーマをめぐる古今東西の経験と知恵を総合し、「人としていかに正しく生きるか」という「共通」の基礎を探究し、知行合一を図ること。それが、さまざまな道のりをめぐり、わたしが立ち戻ったシンプルな原点です。

事故を原点に出発し、組織文化というレンズを磨き続け、視界が大きく広がった思いです。

本書では組織文化という抽象的な課題にさまざまな補助線を引き、多角的な視点で全体像を描いてきました。

最後に、企業内部で全社員の意識変容を図り、新たな行動への主体的な踏み出しを促す組織文化変革を試行錯誤して進める過程で、実感として得たわたしの学びをお伝えします。

出発点（WHY：目的）は、筆者らが置かれた状況での問題意識ですが、以降の各段階での所感は、他の組織でも参照いただけると思います。〈表25〉

WHY（目的）

取り組みの出発点で、「二度とこうした事故・不祥事を起こさないため、一人ひとりがいかにあるべきか？」との問いを立て、全社員に深く内省を促し、自分の言葉で語ってもらいました。

あまりにも大きな問題に正面から向き合う上で、事務局からは予め結論を示さず、代わりに社員同士で率直に思いを交換し合ってもらいました。その末に、自然に導き出された結論は、「一人ひとりの社員が組織目標を共有し、自律・自発的に努力を継続する」ことでした。

意識・行動変容の先にあるゴールとは、一社固有の目標ではなく、世界の潮流にあるパーパス経営にほかならないことを見出し、わたし自身、驚きを覚えました。

表25｜組織文化の変革で得た「わたしの学び」

WHY	二度とこうした事故・不祥事を起こさないため、一人ひとりがいかにあるべきか? →　一人ひとりの社員が組織目標を共有し、 自律・自発的に努力継続（=パーパス経営）
HOW	望ましい意識・行動への変革・定着には、意識できないくらい、 当たり前になっている考え方や行動を、根底から問い直し、自ら改める （=気づき、アンラーン）
WHAT	問いかけ、考えを引き出し、意識変容や自発性を促す「対話」 （=思考の深掘り、自己省察、当事者意識、共感、働く目的・誇り など）
KEY	社員の成長を日常支援（観察、指導、行動習慣化）し、 職場づくりに努めるリーダー
MIND SET	社会やお客さまのため、常に現状に満足せず、前提を疑い、 より良くならないか考え、改善・向上努力を終わりなく継続する

HOW（手段）

次に、一人ひとりに意識・行動変容をもたらすには、どうすればよいのでしょうか。人の心と行動、しかも自分の考えが確立した経験豊富な大人のそれを180度転換するにはどうすればよいか、当初はわかりませんでした。いくら理屈を説き、理解した表情を示されても、なかなか真の内面の変化につながらず、そうかと言って強制もできません。

ところが、本音の対話を通じ、自分で考え、仲間の発言を聞き続ける中、あるとき、ハッとした「気づき」が得られ、これまで当たり前だった考え方の問題点や、新しい考えについて、自然と熟柿が落ちるように、「肚落ち」や深い共感が得られることがわかりました。

この望ましい意識・行動への変革・定着には、意識できないくらいに当たり前になっている考え方や行動を、対話を通じて根底から問い直し、自ら改めること、すなわち「学習棄却（アンラーン）」のプロセスをしっかりと経ることが極めて効果的でした。

WHAT（具体的手法）

新たな気づきを得るには、問いかけ、考えを引き出し、意識変容や自発性を促す「対話」が有効でした。対話の過程を通じ、思考を深掘りし、自己の内面を省察し、当事者意識を高め、仲間の思いに共感し、働く目的や誇りを再確認するなど、さまざまな効果があることが、実際にわかりました。

KEY（キーパーソン）

一人ひとりの意識と行動をより良く変え、組織文化を向上させるカギは、社員のみなさんの成長を日常的に支援し、より良い職場づくりに努める上司やリーダーの取り組みです。

そのため、自ら率先垂範するだけではなく、一人ひとりをきめ細かく観察し、こまめに声をかけて指導し、望ましい行動の習慣化を図る必要があります。こうした日常指導がきちんとできる人も多く、その輪を広げる重要性を痛感します。

MINDSET（もつべき心構え）

組織目標はそれぞれ異なりますが、究極的には、社会やお客さまのため、常に現状に満足せず、前提を疑い、より良くならないか考え、改善・向上努力を終わりなく継続する姿勢が定着し、無意識の当たり前の心になることではないかと思います。

それは、組織や一人ひとりの人生を豊かにする、前向きな姿勢です。リーダーとしても個人としても、人として正しく生きることに尽きます。

すべてはここから始まります。みなさんの変革への志は、何のため（WHY）ですか。

あとがき

「組織文化」の話をお読みいただき、有難うございました。文化を形づくる目に見える現象から心、習慣、無意識などの人の多様な営みが脳や人の相互関係に影響を受けることや、何げない日常の取り組みの大切さがおわかりいただけたかと思います。

わたしがこの問題に取り組み始めたのは、当時、勤めていた東京電力の原子力事故について、各種事故調やＩＡＥＡが根本原因に「組織文化」を特定したことや、いち早く「組織事故」と位置付けた評論を目にしたことが契機です。国民のみなさまの理解と支援をいただき、公的管理下で存続が許された企業に働く者として、こうした事実や提言を正しく社員と受け止めるため、仲間に呼びかけて史料アーカイブをつくり、全社員研修を始めました。

二度と事故を繰り返さないため、一人ひとりがいかにあるべきか。こう問いかけ、社員のみなさんと膝づめやオンラインで本音の車座対話を重ね、社外のみなさんとも率直に意見交換し、意識・行動改革に本気で取り組みました。同社退職後も、リーダーの行動変容を通じて人と組織の成長を支援するため、本問題の探究を続けています。

そこで気づいたことは、本問題は一社や一分野に限られたものではなく、広く組織全般に適用でき、実際、そうした研究も存在することです。そこで、手探りの実践で得た学びを平易に体系化し、「組織を良くしたい」と願うみなさんのお役に立てないかとの思いで、本書の筆を執りました。

組織文化は、いったんできあがると、人々に影響し続け、変革には時と手間を要します。放っておくと安逸に流れ、ゆでガエルのように劣化します。他方、正しい考え方の浸透と行動を反復し、無意識の習慣や心を築くことで、望む文化をつくれます。それには各職場で、リーダーを中心にして意識的に日々、地道に取り組み続けることが大切です。

組織文化とは、組織からにじみ出る「人格」です。現状に満足せず、どうありたいか自問し、人格的完成のため、永久に届かぬ理想を追求し、命尽きる最期の瞬間まで自らを磨き、成長努力を続けたいものです。

ところが、自分や仲間、家族、社会のみなさまの尊い命と暮らしを守るという道義がほころび、終わりなき向上努力の怠りが大惨事を招きました。巨大システムのエラーの根本原因を追究した末に手にした教訓が、一人ひとりの自律的な生き方にあったことにわたしは衝撃を受けました。
組織の内外を問わず、人として正しい生き方とは何か、共に生きる社会のみなさんにどう貢献するか。その素朴な原理に立ち戻り、自分の頭で考え、他者を思いやり、勇気を持って行動することが、不変の「ありたい」姿であったわけです。

今日、学力や成果重視の競争社会への反省から、教育分野では「非認知能力」への注目が高まっています。学力では測れない「社会を生きる力」です。行動経済学でも、必ずしも合理的ではない人間を前提に、心と行動の研究が進みます。
未完成で不完全な人間だからこそ、正しい目標を掲げ、常により良くならないか謙虚に自問し、前提を疑い、考え、行動し続ける。それが当たり前に、丁寧に行われる社会をつくる大切さが、少しでも共有できたのであれば、望外の喜びです。

ここに至るまで、志を共に果てしない試みに一緒に取り組んだ多くの仲間、新生に期待し共感して自分の言葉で語り、行動し始めた社員のみなさん、多くの示唆と励ましをくださった社会のみなさん、課題にのめり込むわたしを見守り続けた家族などの支えにより、長い探究の道を歩み通すことができました。

こうした無数の思いと知恵の結晶を広く社会と共有するため、BOW&PARTNERSの門を叩きました。卒琢同時のごとく、粗削りの原石に大きな社会的意義を見出し、献身的に磨き上げてくださった発行元である同社の干場弓子代表ならびに発売を担う中央経済グループパブリッシングの営業のみなさまの理解と支援がなければ、本書は生まれることはありませんでした。

心に残るすべてのことに、この場を借りて深く感謝申し上げます。

「この会社の文化を変えてください」と、死線をくぐり抜けた技術者がわたしに訴えたあの眼差しを、今も忘れることができません。起きてしまったことはとてつもなくいけないことでも、事実と正面から向き合い、教訓を引き出し、課題を克服し、社会が前に進む力にしたい。そう願って止みません。

小池　明男

2025年3月

参考文献

〈序章　失敗も成功もその本質は組織文化に〉
柴田昌治、金井壽宏『どうやって社員が会社を変えたのか』日経新聞出版、2017年
ジェームズ・リーズン『組織事故』日科技連、1999年
柳田邦男『この国の危機管理　失敗の本質』毎日新聞出版、2022年
澤岡昭『衝撃のスペースシャトル事故調査報告』中央労働災害防止協会、2004年
トム・ピーターズ他『エクセレント・カンパニー』英治出版、2003年
テレンス・ディール他『シンボリック・マネジャー』新潮社、1983年
ジョン・P・コッター他『企業文化が高業績を生む』ダイヤモンド社、1994年
ベン・ホロウィッツ他『WHO　YOU　ARE』日経BP、2020年

第1部　組織文化の科学
〈第1章　優れた組織文化　どのようにしてつくられるのか〉
エズラ・ボーゲル『ジャパンアズナンバーワン』阪急コミュニケーションズ、1979年
野中郁次郎、竹内弘高『ワイズカンパニー』東洋経済新報社、2020年

〈第2章　逸脱する組織文化　なぜ、わかっていてもルールを守れないのか〉
谷村冨男『ヒューマンエラーの分析と防止』日科技連、1995年
小松原明哲『安全人間工学の理論と技術』丸善出版、2016年
日本ヒューマンファクター研究所編『ヒューマンファクター』成山堂書店、2020年
邱強『MIT博士のミスを減らす秘訣』文響社、2022年
永原賢造『品質不正の未然防止』日本規格協会、2023年
稲垣浩二『「企業文化」の監査プログラム』同文舘出版、2018年

谷口勇仁 他『不正理論における合理化の検討』中京経営研究（第33巻第2号）、2024年
會澤綾子『不正行為はなぜ常態化するのか』赤門マネジメント・レビュー、2019年
近岡裕『検証 トヨタグループ不正問題』日経BP、2024年
柴田秀並『損保の闇 生保の裏』朝日新聞出版、2024年
ピーター・F・ドラッカー『マネジメント（エッセンシャル版）』ダイヤモンド社、2001年
中山達樹『インテグリティ』中央経済社、2021年

〈第3章 3層モデルで考える思考の歪み〉

エドガー・シャイン『企業文化』白桃書房、2016年
原子力安全システム研究所・社会システム研究所『安全文化をつくる』日本電気協会新聞部、2019年
東京電力（株）『福島原子力事故の総括および原子力安全改革プラン』2013年
東京電力福島原子力発電所における事故調査・検証委員会（政府事故調）『最終報告』2012年
内閣府『政府事故調査委員会ヒアリング記録』2016年
東京電力福島原子力発電所事故調査委員会（国会事故調）『報告書』2012年
福島原発事故独立検証委員会（民間事故調）『福島原発事故独立検証委員会 調査・検証報告書』ディスカヴァー・トゥエンティワン、2012年
国際原子力機関（IAEA）『福島第一原子力発電所事故 事務局長報告書』2015年
OECD／NEA『国特有の安全文化フォーラム：日本』2024年
淵田美津雄他『ミッドウェー』PHP研究所、1999年
新形信和『日本人はなぜ考えようとしないのか』新曜社、2014年
畑村洋太郎『未曾有と想定外』講談社、2011年
畑村洋太郎他『福島原発で何が起こったか：政府事故調技術解説』日刊工業新聞社、2012年
黒川清『規制の虜』講談社、2016年
宇田左近『なぜ、「異論」の出ない組織は間違うのか』PHP研究所、2014年

第2部　組織文化変革 実践編

〈第1章　変革のステップ1　組織文化を知る　「何を」「何に」「どうやって」変えるか〉

河野龍太郎編『ヒューマンエラーを防ぐ技術』日本能率協会マネジメントセンター、2006年
大野耐一『トヨタ生産方式』ダイヤモンド社、1978年
ヘールト・ホフステード『多文化世界』有斐閣、1995年
ジョン・P・コッター『企業変革の核心』日経BP、2009年
加藤雅則『組織は変われるか』英治出版、2017年
横山禎徳『組織』ダイヤモンド社、2020年
福士博司『会社を変えるということ』ダイヤモンド社、2024年
リチャード・P・ファインマン『聞かせてよ、ファインマンさん』岩波書店、2009年

〈第2章　変革のステップ2　組織文化を変える　「意識変容」「行動変容」〉

バリー・オライリー『アンラーン戦略』ダイヤモンド社、2022年
マーシャ・レイノルズ『変革的コーチング』ディスカヴァー・トゥエンティワン、2023年
林成之『脳に悪い7つの習慣』幻冬舎、2009年
ダニエル・カーネマン『ファスト&スロー』早川書房、2012年
チャールズ・デュヒッグ『習慣の力』早川書房、2019年
ケン・ブランチャード他『新1分間マネジャー』ダイヤモンド社、2015年
ケン・ブランチャード他『1分間エンパワーメント』ダイヤモンド社、1996年
ロナルド・ハイフェッツ他『最難関のリーダーシップ』英治出版、2017年

〈第3章　変革のステップ3　組織文化を進化させる〉

竹内みちる他『高い安全性が要求される組織の理想像の要件』（INSSジャーナル）原子力安全システム研究所・社会システム研究所、2011年
ジム・コリンズ 他『ビジョナリー・カンパニーZERO』日経BP、2021年

〈第4章　組織文化変革　ケース集〉
ルイス・ガースナー『巨象も踊る』日本経済新聞社、2002年
サティア・ナデラ他『Hit Refresh』日経BP、2017年
キャロル・S・ドゥエック『マインドセット』草思社、2016年
ハワード・シュルツ他『スターバックス再生物語』徳間書店、2011年
ユベール・ジョリー他『THE HEART OF BUSINESS』英治出版、2022年
日本航空 安全アドバイザリーグループ『高い安全水準をもった企業としての再生に向けた提言書』2005年
大田嘉仁『JALの奇跡』致知出版社、2018年

〈第5章　現場のリーダーのための組織文化変革テキストブック〉
芳賀繁『失敗のメカニズム』KADOKAWA、2003年
デール・カーネギー『人を動かす』創元社、2023年
中原淳『話し合いの作法』PHP研究所、2022年
エドガー・シャイン『問いかける技術』英治出版、2014年
安斎勇樹他『問いのデザイン』学芸出版社、2020年
ケネス・J・ガーゲン『ダイアローグ・マネジメント』ディスカヴァー・トゥエンティワン、2015年
杉原保史『プロカウンセラーの共感の技術』創元社、2015年
グーグル（Project Oxygen）『優れたマネージャーの要件を特定する』同社HP
グーグル（Project Aristotle）『「効果的なチームとは何か」を知る』同社HP
大谷華他『安全行動における職業的自尊心の役割』産業・組織心理学研究（第29巻第2号）、2016年
真田茂人『「自律」と「モチベーション」の教科書』、CEO　BOOKS、2018年
厚生労働省『令和元年版　労働経済の分析』2019年
島津明人『ワーク・エンゲイジメント』労働調査会、2022年
ジム・クリフトン他『ザ・マネジャー』、日経BP、2022年

入山章栄『世界標準の経営理論』ダイヤモンド社、2019年
中原淳、中村和彦『組織開発の探究』ダイヤモンド社、2018年
エドガー・シャイン『マイ・ラーニング・ジャーニーズ』産業能率大学出版部、2022年

〈終章　タコツボ文化を超えて〉

サイモン・シネック『WHYからはじめよ!』日本経済新聞出版、2012年

小池明男（こいけ あきお）

1987年東京大学法学部卒業後、東京電力（株）入社、主に経営企画や営業を担当。エネルギーの効率利用と脱化石燃料化による低炭素社会づくりを提唱し、地球温暖化対策の推進に努める。ハーバード大学・国際問題研究所研究員（2008年）。2011年の震災・事故以降、経営を補佐し、社員意識高揚や組織改革に取り組む。震災史料のアーカイブ化を行い、2018 年より事故教訓を浸透・継承する全社員研修を始め、基盤となる安全啓発施設「3.11 事実と教訓」を整備し、組織文化変革を推進。2021年、安全啓発・創造センター所長。事故の根本原因を組織文化に求め、ゆるぎない安全文化構築のため、一人ひとりの意識と行動を変える手づくりの組織改革の取り組みは、NHKニュースウオッチ9「東京電力の組織風土の問題、意識を変えることはできるのか」（2021年3月放送）、KFB福島放送「シェア！」（2022年3月放送）をはじめ、複数の報道等で紹介される。2022年東京電力ホールディングス退職後、独立。「カルチャー変革エバンジェリスト」として、さまざまな企業の組織変革に携わっている。
mailto : akoike.culture@gmail.com

BOW BOOKS 033
失敗しない「人と組織」
本質的に生まれ変わるための実践的方法

発行日　2025年3月31日　第1刷

著者　小池明男
発行人　干場弓子
発行所　株式会社BOW&PARTNERS
https://www.bow.jp　info@bow.jp
発売所　株式会社 中央経済グループパブリッシング
〒101-0051　東京都千代田区神田神保町1-35
電話 03-3293-3381　FAX 03-3291-4437

ブックデザイン　遠藤陽一（DESIGN WAORKSHOP JIN）
図版　荒井雅美（トモエキコウ）
編集協力＋DTP　BK's Factory
校正　株式会社 文字工房燦光
印刷所　中央精版印刷株式会社
 ISBN978-4-502-53641-0
落丁・乱丁本は、発売所宛てお送りください。送料小社負担にてお取り替えいたします。
定価はカバーに表示してあります。

001 リーダーシップ進化論
人類誕生以前からAI時代まで

酒井 穣
2200円｜2021年10月30日発行
A5判並製｜408頁
壮大なスケールで描く、文明の歴史と、そこで生まれ、淘汰され、選ばれてきたリーダーシップ。そして、いま求められるリーダーシップとは？

002 ミレニアル・スタートアップ
新しい価値観で動く社会と会社

裙本 理人
1650円｜2021年10月30日発行
四六判並製｜208頁
創業3年11ヶ月でマザーズ上場。注目の再生医療ベンチャーのリーダーが説く、若い世代を率いる次世代リーダーが大切にしていること。

003 PwC Strategy&の ビジネスモデル・クリエイション
利益を生み出す戦略づくりの教科書

唐木 明子
2970円｜2021年11月30日発行
B5判変型並製｜272頁
豊富な図解と資料で、初心者から経営幹部まで本質を学び、本当に使える、ビジネスモデル・ガイド登場！

004 哲学者に学ぶ、問題解決のための視点のカタログ

大竹 稽／
スティーブ・コルベイユ
2200円｜2021年11月30日発行
A5判並製｜288頁
哲学を学ぶな。哲学しろ。ビジネスから人生まで、デカルトからデリダまで33人の哲学者たちによる50の視点。

005 元NHKアナウンサーが教える 話し方は3割

松本 和也
1650円｜2021年12月25日発行
四六判並製｜248頁
有働由美子さん推薦！
「まっちゃん、プロの技、教えすぎ！」スピーチで一番重要なのは、話し方ではなく、話す内容です！

006 AI時代の キャリア生存戦略

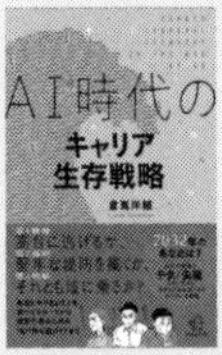

倉嶌 洋輔
1760円｜2022年1月30日発行
A5判変型並製｜248頁
高台（AIが代替しにくい職）に逃げるか、頑丈な堤防を築く（複数領域のスキルをもつ）か、それとも波に乗る（AIを活用し新しい職を創る）か？

007 創造力を民主化する
たった1つのフレームワークと3つの思考法

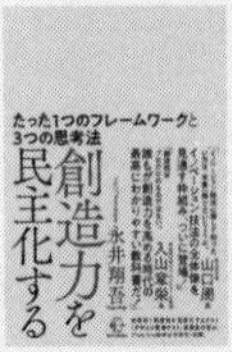

永井 翔吾
2200円｜2022年3月30日発行
四六判並製｜384頁｜2刷
本書があなたの中に眠る創造力を解放する！
創造力は先天的なギフトではない。誰の中にも備わり、後天的に鍛えられるものだ。

008 コンサルが読んでる本 100＋α

並木 裕太 編著
青山 正明＋藤熊 浩平＋白井 英介
2530円｜2022年5月30日発行
A5判並製｜400頁
ありそうでなかった、コンサルタントの仕事のリアルを交えた、コンサル達の頭の中がわかる「本棚」。

009 科学的論理思考のレッスン

高木 敏行／荒川 哲
2200円｜2022年6月30日発行
A5判横イチ並製｜212頁
情報があふれている中、真実を見極めるために、演繹、帰納、アブダクション、データ科学推論の基本を！

010 朝日新聞記者がMITのMBAで仕上げた 戦略的ビジネス文章術

野上 英文
2310円｜2022年7月30日発行
四六判並製｜416頁｜2刷
ビジネスパーソンの必修科目！書き始めから仕上げまで、プロフェッショナルの文章術を、すべてのビジネスパーソンに。

011 わたしが、認知症になったら 介護士の父が記していた20の手紙

原川 大介／加知 輝彦 監修
1540円｜2022年9月30日発行
B6判変型並製｜192頁
85歳以上の55％が認知症!?本書が、認知症、介護に対するあなたの「誤解・後悔・負担・不安」を解消します。

012 グローバル×AI翻訳時代の 新・日本語練習帳

井上 多惠子
2200円｜2022年9月30日発行
B6判変型並製｜256頁
外国人と仕事するのが普通となった現代のビジネスパーソン必携！AI翻訳を活用した、世界に通じる日本語力とコミュニケーション力。

013 人生のリアルオプション 仕事と投資と人生の「意思決定論」入門

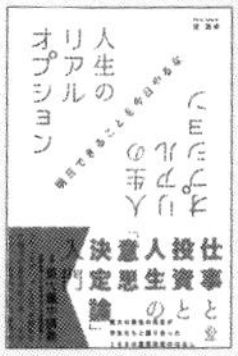

湊 隆幸
2420円｜2022年11月15日発行
四六判並製｜320頁
「明日できることを今日やるな」不確実性はリスクではなく、価値となる。私たち一人ひとりがそのオプション（選択権）を持っている!!

014 こころのウェルビーイングのためにいますぐ、できること

西山 直隆
2090円｜2022年12月25日発行
四六判並製｜320頁
モノは豊かになったのに、なぜココロは豊かになれないんだろう…
幸せと豊かさを手にしていく「感謝」の連鎖を仕組み化！

015 コンサル脳を鍛える

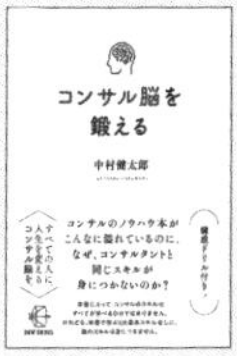

中村 健太郎
1980円｜2023年2月25日発行
四六判並製｜256頁｜3刷
コンサル本を読んでも同じようにスキルが身につかない？その答えは「脳の鍛え方」にあった!? すべての人に人生を変える「コンサル脳」を。

016 はじめての UXデザイン図鑑

荻原 昂彦
2640円｜2023年3月30日発行
A5判並製｜312頁｜5刷
UXデザインとは、ユーザーの体験設計。商品作りでも販売現場でもDXでも…あらゆる場面でUXデザインが欠かせない時代に必須の一冊！

017 **コンサル・コード**
プロフェッショナルの行動規範48

中村 健太郎
2200円｜2023年5月30日発行
四六判上製｜232頁
コンサルファーム新人研修プログラムテキスト本邦初大公開！ コンサルの作法と正しいアクションが学べる実践的スキルブック。

018 **現代の不安を生きる**
哲学者×禅僧に学ぶ先人たちの智慧

大竹 稽／松原 信樹
2200円｜2023年6月30日発行
四六判並製｜320頁
不安があってもだいじょうぶ。不安があるからだいじょうぶ。哲学者と禅僧による、不安の正体を知り、不安と上手につきあうための17項目。

019 いずれ起業したいな、と思っているきみに
17歳からのスタートアップの授業
アントレプレナー入門
エンジェル投資家からの
10の講義

古我 知史
2200円｜2023年8月30日発行
四六判並製｜328頁
高校生から社会人まで、「起業」に興味を持ったら最初に読む本！

020 いずれ起業したいな、と思っているきみに
17歳からのスタートアップの授業
アントレプレナー列伝
エンジェル投資家は、起業家
のどこを見ているのか？

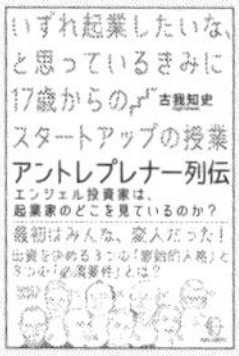

古我 知史
1980円｜2023年10月30日発行
四六判並製｜296頁
起業家はみな変人だった!? 出資を決める3つの「原始的人格」と「必須要件」とは？

021 **グローバル メガトレンド 10**
社会課題にビジネスチャンスを
探る105の視点

岸本 義之
2750円｜2023年11月30日発行
A5判並製｜400頁
これは、未来予測ではない。2050年の必然である。
ビジネスで地球と世界の未来を救う若き起業家たちへの希望の書、誕生！

022 **戦略メイク**
自分の顔は自分でつくる

池畑 玲香
1870円｜2023年12月25日発行
四六判並製｜272頁
キレイになるだけじゃもったいない。ほしい未来をかなえなくっちゃ！ 働く女性に、ヘアスタイルとメイクアップという女性の「武器」の有効活用法を！

023 **イノベーション全史**

木谷 哲夫
3080円｜2024年3月30日発行
A5判並製｜392頁
産業革命以来のイノベーションとそれにともなう社会の変革を振り返り、今求められる『イノベーションを起こすための条件』を浮き彫りにする。

024 **ビジネスパーソンに**
必要な3つの力

山本 哲郎
1980円｜2024年4月30日発行
四六判並製｜336頁
いちばん重要なのに、なぜか会社では教えてもらえない3つのビジネス地頭力！ それは自己基盤力、課題解決力、論理的コミュニケーション力。

025 I型さんのための100のスキル

鈴木 奈津美(なつみっくす)
2200円|2024年4月30日発行
四六判並製|336頁|3刷
I型(内向型)のわたしが、内向型の本を100冊読んで、実践して、うまくいっていることベスト100! 厳選50冊のブックガイド付き!

026 100年学習時代
はじめての「学習学」的生き方入門

本間 正人
2530円|2024年5月30日発行
四六判並製|344頁|2刷
教える側に立った「教育学」から、学ぶ側に立った「学習学」へ!
「最終学歴」から「最新学習歴」へ!

027 大学図書館司書が教える AI時代の調べ方の教科書

中崎 倫子
2200円|2024年8月10日発行
四六判並製|320頁
生成AIを誰もが使う時代だからこそ知っておきたい、正しい情報の集め方・まとめ方。図書館もこんなに進んでいる!? チャートでわかりやすく解説。

028 グローバル企業のための新日本型人材マネジメントのすすめ

南 知宏
2750円|2024年8月30日発行
四六判並製|352頁
現地法人の課題解決に日本型経営の何が使えて、何が不要なのか? 戦略人事コンサルティングのプロが理論と実践の両面から説く。

029 はじめてのメタバースビジネス活用図鑑

今泉 響介
2970円|2024年9月30日発行
A5判並製|296頁
100事例で学ぶ、メタバースビジネス活用の今と導入までのステップと成功のポイント。「はじめて」メタバースをビジネス活用する人向けのテキスト!

030 ディープドライバー
ほんとうにやりたいことを言語化する方法

古川 武士
2420円|2024年10月31日発行
四六判並製|296頁
やりたいことではなく、やる気の源泉=DEEP DRIVERを見つけよう! 日本随一の習慣化コンサルタントによる、人生を変える習慣化究極メソッド!

031 漂流する資本主義
新たなパラダイムを求めて 現代資本主義全史

太田 康夫
2640円|2024年11月30日発行
A5判並製|296頁
問われているのは、資本主義か否かではなく、どんな資本主義かだ。失われた30年の本質的要因に迫り新たな資本主義のパラダイムを探る。

032 女性社外取締役のリアルガイド

大塚泰子 編著
2970円|2025年2月28日発行
A5判並製|288頁
女性社外役員バブルに警鐘を鳴らしつつ、男女、社内外を問わず、全取締役が心得ておくべき要件を簡潔かつ本質的にまとめた必携の書!

BOW BOOKS

時代に矢を射る　明日に矢を放つ

WORK と LIFE の SHIFT のその先へ。
この数年、時代は大きく動いている。
人々の価値観は大きく変わってきている。
少なくとも、かつて、一世を風靡した時代の旗手たちが説いてきた、
お金、効率、競争、個人といったキーワードは、もはや私たちの心を震わせない。
仕事、成功、そして、人と人との関係、組織との関係、
社会との関係が再定義されようとしている。
幸福の価値基準が変わってきているのだ。

では、その基準とは？　何を指針にした、
どんな働き方、生き方が求められているのか？

大きな変革の時が常にそうであるように、
その渦中は混沌としていて、まだ定かにこれとは見えない。
だからこそ、時代は、次世代の旗手を求めている。
彼らが世界を変える日を待っている。
あるいは、世界を変える人に影響を与える人の発信を待っている。

BOW BOOKS は、そんな彼らの発信の場である。
本の力とは、私たち一人一人の力は小さいかもしれないけれど、
多くの人に、あるいは、特別な誰かに、影響を与えることができることだ。
BOW BOOKS は、世界を変える人に影響を与える次世代の旗手を創出し、
その声という矢を、強靭な弓（BOW）がごとく、
強く遠くに届ける力であり、PARTNER である。

世界は、世界を変える人を待っている。
世界を変える人に影響を与える人を待っている。
それは、あなたかもしれない。

代表　干場弓子